Oliver Pott

INTERNET MARKETING

The Million Dollar Practice.

ISBN: 978-1499677935

© 2014

CreateSpace

4900 LaCross Road

North Charleston, SC 29406

USA

Inhalt

Allgemeines 5

Internetmarketing 6

   Definition 6

   Aus- und Weiterbildung 10

   Fakten und Business Strategien 11

   Qutsourcing 21

   Adwords Google Keyword Tool 28

   Nichebot Classic 30

   Micro Niche Finder 30

   Trend Watching and Google Trends 31

   Ebay Pulse 32

   Big Board of Forums 32

   Nischen Marketing 34

   Die richtige Nische finden 39

Affiliate-Marketing 61

   ACTION (TUN) 62

   RESULTS (ERGEBNISSE) 63

   ACHIEVEMENT (ERREICHEN) 63

   CONFIDENCE & SUCCESS (ZUVERSICHT & ERFOLG) 64

   Guru Launches 65

   SEO Keyword Suche 73

PPC Keyword Recherche 81

Die Kunst des Vor-Verkaufens 94

Landing Page Grundlagen 96

Qualitäts-Content 100

Adwords Tipps & Tricks 102

Anzeigen-Struktur 107

Verkaufs-Tipps 112

Allgemeines

Zur Vereinfachung beim Schreiben und Lesen wird immer die männliche Form verwendet: der Besucher, der Kunde usw. Dieser Artikel dient als allgemeiner Gattungsbegriff und schließt weibliche Personen automatisch mit ein.

Sofern wir auf externe Webseiten fremder Dritter verlinken, machen wir uns deren Inhalte nicht zu Eigen und haften somit auch nicht für die sich naturgemäß im Internet ständig ändernden Inhalte von Webseiten fremder Anbieter. Das gilt insbesondere auch für Links auf Softwareprogramme, deren Virenfreiheit wir trotz Überprüfung durch uns vor Aufnahme aufgrund von Updates etc. nicht garantieren können.

Autor und Verlag sind nicht haftbar für Verluste, die durch den Gebrauch dieser Informationen entstehen sollten.

Die in diesem Werk erwähnten Anbieter und Quellen wurden zum Zeitpunkt der Niederschrift als zuverlässig eingestuft. Autor und Verleger sind für deren Aktivitäten nicht verantwortlich.

Dieses Handbuch versteht sich als Basisinformationsquelle. Daraus resultierende Einkommen und Gewinne sind allein von Motivation, Ehrgeiz und Fähigkeiten des jeweiligen Lesers abhängig.

Sämtliche Markennamen, Logos usw. sind Eigentum ihrer jeweiligen Besitzer, die diese Publikation nicht veranlasst oder unterstützt haben.

Internetmarketing

Definition

Lassen Sie uns zunächst Internet Marketing definieren – tatsächlich geht es nicht einfach um Marketing online, es besteht vielmehr aus 3 Gruppen von Menschen:

I. Verbraucher – sie kaufen Produkte und Services für sich selbst.

II. Geschäftsideen-Sucher (sog. Quasi-Geschäftsleute) – verhalten sich wie Schrotflinten, d.h. sie probieren alles einmal aus. Sie jagen jeder Menge Programmen und Projekten hinterher, ohne sich auf etwas zu konzentrieren.

III. Unternehmer, die das Internet als eines ihrer Marketing-Vehikel benutzen, vielleicht sogar als das hauptsächliche. Sie fokussieren auf ihr Business. Sie verstehen Business.

Bei den Leuten, die nicht zu die ersten zwei Kategorien gehören, gilt im Allgemeinen die:

- 20/80 Regel = 20% der Leute verdienen 80% des Geldes.
- Die gleichen Leute, die im Internet Marketing Geld verdienen, würden das auch in jeder

anderen Branche, egal ob Immobilien, Kapitalanlagen oder Töpferei.

Der Grund - sie folgen 4 einfachen Grundsätzen:

- Geistige Einstellung – Fokus – Ausbildung – Aktion
- Die Art und Weise, wie jemand denkt, bestimmt seine Realität. Sie bestimmt, was er aus seinem Leben macht.
- Was man glaubt, kann man erreichen.
- Ihre Gedanken können Sie gesund machen und Ihre Gedanken können Sie auch wohlhabend machen.

Henry Ford sagte: „Es gibt zwei Arten von Menschen auf dieser Welt – diejenigen, die denken, sie können, und diejenigen, die denken, sie können nicht, Beide haben recht."

Donald Trump sagte: "Wenn Sie sowieso denken müssen, dann denken Sie groß."

Schauen Sie, wie diese Leute denken. Und schauen Sie, was sie erreicht haben. Es gibt einen direkten Zusammenhang. Es gibt eine Verbindung zwischen der Art und Weise, wie man denkt und was man tatsächlich bekommt.

Ohne das Glaubensthema zu sehr breitzutreten, aber es ist doch so, dass, wenn Sie Ihr Business als Spielerei betrachten, auch nur ein Spielerei-Einkommen erzielen. Wenn Sie es dagegen als multinationales Unternehmen sehen, wird das entsprechende Einkommen auch folgen.

Es spielt keine Rolle, ob Sie nur in einer Ecke Ihres Schlafzimmers arbeiten. Ihre geistige Einstellung macht den Unterschied.

Ein anderer wichtiger Punkt ist Aktion. Denn auch wenn Sie den ganzen Tag lang still in einer Ecke sitzen und nachdenken, erfolgreich zu werden, so wird doch ohne Aktivität nichts geschehen.

Die geistige Einstellung ist absolut entscheidend.

Ein weiterer Schritt ist Ihr Fokus.

Hier müssen Sie sich wirklich selbst disziplinieren.

- Proaktiv anstatt reaktiv – wir behandeln den Unterschied in einigen Augenblicken.

Zu wissen, wohin Ihr Geschäft führen soll. Was wollen Sie kurzfristig erreichen und was langfristig? Was ist Ihre Exit-Strategie?

Exit-Strategie bedeutet:

I. Den Rest des Lebens dafür arbeiten?
II. 5 Jahre dafür arbeiten und es dann verkaufen?
III. 5 Jahre dafür arbeiten und dann eine Aktiengesellschaft gründen und als Vorsitzender fungieren?

Dadurch dass Sie wissen, wohin Ihr Unternehmen führen soll, können Sie die entsprechenden Ziele, Strategien und Taktiken festlegen.

Ziele sind:	Was Sie tun werden.
Strategien sind:	Wie Sie es tun werden.
Taktiken sind:	Was Sie tagtäglich tun werden, um Ihre Ziele zu erreichen.

Beispiel für eine Zielsetzung: Eine Website haben, die Ebooks mit Resale Rights und Software verkauft, womit ein Einkommen von 100.000 Euro im Jahr erzielt wird.

Beispiel für eine Strategie: Alle Produkte mit Resale Rights kaufen, die auf dem Markt sind und die umfassendste, bestorganisierteste und wertvollste Wiederverkaufsseite im Internet entwickeln.

Bewerben Sie Ihre Website unter Verwendung von SEO, Artikelschreiben und Webinaren, die Sie Podcasten.

Beispiel für eine Taktik: Optimieren Sie jede Webpage, die Sie erstellt haben.

Schreiben Sie jede Woche drei Artikel und posten Sie sie in Artikelverzeichnissen.

Halten Sie jede Woche zwei Webinare und veröffentlichen Sie sie.

Die Zielsetzung legt das große Endziel fest.

Strategien sind eine konzentrierte Version Ihrer Zielsetzung.

Taktiken sind Ihre tägliche ToDo-Liste.

Da Sie das nun verstanden haben, können wir über proaktiv und reaktiv sprechen.

Unter proaktiv sein verstehe ich, dass Sie entscheiden, wie Ihr Business laufen soll, um sich dann nach Produkten und Services umzusehen, die helfen, Ihr Kapital und Ihre Zeit zu nutzen und die Effektivität Ihres Geschäfts zu maximieren.

Unter reaktiv sein verstehe ich, dass Sie keine Idee haben, was Sie geschäftlich wollen. Sie schalten Ihren Computer ein und alles sieht toll aus. Sie kaufen ein Buch über Suchmaschinen-Optimierung, Sie treten einigen Network Marketing Unternehmen bei und Sie bestellen ein 57-teiliges DVD Set über das Thema, wie man von zuhause aus ein Business startet.

Sie sind hin- und hergerissen, denn Sie haben keinen Fokus auf eine Sache. Deswegen haben Sie eine Menge Geld ausgegeben, aber haben nie vollständig durchgearbeitet, was Sie gekauft haben. Ihre Festplatte ist mit Zeug vollgestopft, für das Sie sich nie die Zeit zum Lernen genommen haben.

Aus- und Weiterbildung

Sie müssen sich selbst weiterbilden. Sie müssen sich darauf konzentrieren, sich auf bestimmten Gebieten, wo es notwendig ist, Expertenwissen anzueignen –oder zumindest müssen Sie Leute engagieren für Dinge, auf denen Sie Ihr Geschäft aufbauen wollen.

Die Herausforderung, die Leute online haben, ist, dass sie ihren Computer anmachen, hin und her surfen und denken, sie könnten ab morgen Hunderte oder Tausende Euro verdienen, ohne aber einen blassen Schimmer zu haben, was sie überhaupt tun. Dann werden sie verärgert, weil nichts funktioniert und glauben schnell, dass das ganze Internet nur Schwindel ist.

Das wäre genauso, wenn ich morgen aufwachen und beschließen würde, Hirnchirurg zu werden. Deshalb miete ich Räume, besorge mit etwas Werkzeug und hänge ein Schild an meine Eingangstür.

Zunächst einmal weiß ich überhaupt nicht, was ich da tue, und außerdem kommt niemand in meine Praxis. Falls doch, würde er mir Leid tun. Also werde ich frustriert und glaube, dass Gehirnchirurgie ein einziger Unfug ist, schließe die Praxis wieder und stecke meinen Kopf in den Sand.

Die vierte und letzte Disziplin ist „Action".

Das erklärt sich eigentlich von selbst. Sie setzen Dinge in Bewegung. Seien Sie so effektiv, wie Sie können. Und haben Sie keine Sorge, manche Dinge zu outsourcen, die Sie nicht unbedingt selber machen müssen.

So, das war nun eine lange Antwort, aber sie deckt grundsätzlich alles ab, was den Unterschied macht zwischen den 20%, die die 80% verdienen und den übrigen 80%, die es nie zu schaffen scheinen.

Fakten und Business Strategien

Jede Woche gibt es eine neue Methode, Geld zu verdienen. Wie wissen wir, was wir machen und was wir besser sein lassen sollen?

Nun, das betrifft Ihren Fokus. Wenn Sie wissen, wohin Sie gehen, dann interessieren Sie diese Schnell-reich-werden-Programme nicht. Weil Sie nämlich genau wissen, was nötig ist, um sich auf das Erreichen Ihrer Ziele zu konzentrieren.

Wenn also Ihr Geschäft hauptsächlich darin besteht, Vertonungen und Interviews zu machen, und ich zu Ihnen komme und sage: Hey, Michael, ich habe hier einen tollen neuen Saft, der dir massiv Energie gibt. Wir könnten diesen MLM-Plan zusammen umsetzen, so dass er uns reich macht. Was würden Sie mir antworten, wenn Ihr Geschäft sich mit etwas ganz anderem befasst?

Aber wenn Ihr Fokus lautet: Ich will einen Weg finden, online Geld zu verdienen. Egal wie, Hauptsache Geld verdienen – dann scheint der Saft-Plan toll zu sein.

Es kommt nur darauf an zu wissen, warum Sie im Geschäft sind und was für Geschäfte Sie machen wollen.

Viele Leute sagen, man soll sein eigenes Produkt erstellen, wieder andere raten davon ab. Was soll man nun machen?

Jemand, der ohne Produkt und ohne Geschäftserfahrung online kommt, sollte zunächst Affiliate werden. Es macht keinen Sinn, zuerst ein Produkt zu kreieren, weil es zu lange dauert. Diese Zeit sollte besser genutzt werden, um Marketing zu lernen. Und ein Marketingsystem zu entwickeln, in der er richtig gut ist. Denn die Marketing Erfahrungen, die man als Affiliate lernt, sind später leicht anzuwenden, nachdem man ein eigenes Produkt erstellt hat.

Somit besteht das Marketingsystem schon, wenn Sie Ihr erstes eigenes Produkt entwickeln. Und außerdem ist es viel angenehmer, sich einen Monat oder mehrere

Monate Zeit für das Eigenprodukt zu lassen, wenn man bereits ein Affiliate-Einkommen hat.

Ja, Sie sollten definitiv ein eigenes Produkt haben, weil Sie damit mehr Geld verdienen. Sie haben dann Partner, die Ihr Produkt für Sie verkaufen, Ihre Verbreitung reicht weiter und Ihr Profit steigt höher.

Die Informationsflut ist eine tagtägliche Tatsache. Wie können wir wissen, auf was wir uns konzentrieren und was wir ignorieren müssen?

Information Overload wird oftmals durch fehlenden Fokus verursacht. Ja, ich weiß, ich wiederhole mich, aber es ist so ungemein wichtig für Ihr Business, einen Fokus zu haben. Wenn Sie also auf Ihr eigentliches Ziel fokussiert sind, filtern Sie heraus, was Sie nicht zu wissen brauchen.

Es gibt buchstäblich Tausende von Ezines und Newsletter im Netz. Wenn Sie versuchen wollten, sie alle zu lesen, werden Sie von Informationen erschlagen und kommen keinen Schritt weiter. Aber wenn Sie sich beispielsweise drei aussuchen, die passend sind zu dem, was Sie wissen müssen, um Ihr Geschäft gedeihen zu lassen, dann ich das alles, was Sie lesen müssen.

Ich weiß z.B., dass mein Business eine Website braucht. Eine Website benötigt Grafiken, Werbetext, Programme. Ich habe nun die Wahl, dass ich mir diese Fertigkeiten aneigne oder ich bezahle jemanden, der es für mich macht. Mein Fokus liegt also darauf, meine Website zu erstellen und das ist alles, worauf ich mich konzentriere. Wenn mir nun jemand Informationen über eine Saft-Firma schickt, werde ich davon nicht abgelenkt und irregeleitet. Denn das hat nichts mit meiner Website zu tun.

Was ist der wichtigste Teil eines Internet Business?

Ein Internet Business ist im Grunde ein elektronisches Versandunternehmen. Die Komponenten, mit denen man das Geschäft führt, sind die gleichen. In den 1990er Jahren besaß ich einen herkömmlichen Versandhandel auf dem Postweg und ich hatte mein großes Aha-Erlebnis, meine Erleuchtung in Bezug auf mein Online-Business, als ich erkannte, dass mein Business online die gleiche Struktur hatte wie mein Offline-Versandgeschäft.

Und ich sage Ihnen, warum. Das wichtigste Kapital eines jeden Versandunternehmens online wie offline ist seine Datenbank. Im Internet Marketing nennen die Leute das ihre Liste. Nennen Sie es, wie Sie wollen, Ihre Kundenadressen sind das Juwel in der Krone.

Welche sind die Charakteristika eines erfolgreichen Internet Marketers?

Ich habe eine Menge Unternehmer innerhalb der letzten sechs Jahre interviewt und alle erfolgreichen teilen einen gemeinsamen Glauben. Es ist die „ich kann es" Einstellung. Es spielt keine Rolle, was um sie herum passiert, wer sagt, es geht nicht, und wer sagt, es geht: Sie schaffen, was sie sich vornehmen.

Wir alle eignen uns Fertigkeiten an, die wir brauchen, um mit verschiedenen Aspekten unseres Geschäfts zurecht zu kommen. Während man wächst und lernt, wie man Geschäfte macht und beginnt, Erfolg zu haben, entwickelt man sein Selbstbewusstsein. Man wird auch entspannter, intelligente Gespräche mit anderen Menschen aus der Branche zu haben.

Man lernt, sich Ziele zu setzen. Und dann lernt man, sie zu erreichen. Nur zu denken, dieses Jahr eine Million

Euro zu machen, schafft es nicht allein. Man braucht einen Plan. Man muss seine Arbeit planen und seinen Plan abarbeiten. Ich liebe solche Sprüche ☐

Und man muss lernen, wie man seine Zeit einteilt. Man muss mit seinem Zeitmanagement streng sein. Ich setze mir folgenden Stundenplan:

- Das erste, was ich am Morgen tue, ist das Beantworten meiner Emails bis 10 Uhr. Falls ich bis dahin nicht fertig bin, wartet der Rest bis zum nächsten Tag. Ich bin Internet Marketer, nicht Feuerwehrmann; also gibt es keine Notfälle, die nicht bis morgen warten können.
- Als nächstes verbringe ich 2 Stunden mit meinem Marketing. Um 12Uhr mache ich 30 Minuten Mittagspause. Ich lese während des Mittagessens und bis 13 Uhr.
- Von 13 bis 16 Uhr arbeite ich an Projekten.
- Von 20 Uhr bis Mitternacht arbeite ich weiter an Projekten.

Zeit ist wertvoller als Geld. Es ist das einzige, das alle Menschen teilen. Keiner von uns hat mehr oder weniger Stunden an einem Tag zur Verfügung. Und man bekommt nie eine Stunde zurück, die man verschwendet hat. Was mich am meisten ärgert, ist, jemand sagen zu hören: "Ich schlage die Zeit tot." Das ist Verschwendung von Leben.

Es scheint so, dass alle Marketer mit 6-stelligem Einkommen ihr eigenes Netzwerk haben, das sie unterstützt. Wie wichtig für der Erfolg ist der Aufbau von Beziehungen? Wie kann man sie entwickeln?

Bis September 2007 verließ ich nie mein Büro. Ich verbrachte sechs Jahre am Schreibtisch und traf Menschen nur online, nie persönlich. Dann machte ich die Probe aufs Exempel. Ich besuchte zwei Internet Marketer Seminare hintereinander, eines Ende September, ein weiteres in der ersten Oktoberwoche. Und das veränderte mein Business.

In meinem Büro versendete ich Emails, machte mein Marketing und erzielte Verkäufe. Also wusste ich, dass Leute meine Mails lesen und dass mein Marketing funktionierte, aber ich wusste nicht, was die Menschen von mir dachten. Als ich zu diesen Konferenzen ging, kamen Leute auf mich zu und sagten: „Hey, Sie sind Terry Telford?" Ich hatte keine Ahnung, dass jemand wusste, wer ich bin. Als ich mich einigen der großen Marketern vorstellte, wussten sie auch, wer ich war. Und das veränderte meine Perspektive auf mein Geschäft und auf mich selbst, denn ich fühle mich plötzlich noch verantwortungsbewusster für mein Business.

Der einfachste Weg, ein Netzwerk aufzubauen, ist, Internet Marketer Seminare zu besuchen und Menschen kennen zu lernen. Ich arbeitete nie in einer freundlicheren Branche als im Internet Marketing. Jeder freut sich, dich zu treffen und sich mit dir zu vernetzen.

Das Interessante an der einen Konferenz war, dass sie genau neben einer für Baumaterialien stattfand. In der Lobby konnte man auf einen Blick erkennen, welche die Internet Marketer und welche die von der Baubranche waren. Denn wir waren alle fröhlich, lachten und fühlen uns großartig, während die anderen aussahen, als würden sie an einer Beerdigung teilnehmen – sie schauten alle düster drein und verzogen keine Mine. Da war überhaupt kein Spaß.

Es gibt eine ganze Menge Geschäftsmodelle im Internet. Können Sie uns sagen, warum es wichtig ist, nur einem einzigen zu folgen? Warum soll man vermeiden, von Programm zu Programm zu springen?

Oh ja. Sie haben den Nagel auf den Kopf getroffen. Es hat etwas zu tun mit der Informationsflut. Der beste Weg, dies zu vermeiden, ist, dass Sie Ihren Fokus schärfen. Wählen Sie ein Geschäftsmodell, bei dem Sie sich wohl fühlen und das für Sie funktioniert, und dann folgen sie ihm.

Mike Filsaime war der Pionier des typischen Internet Marketing Business Modells von heute und es basierte auf seiner Butterfly Marketing Software.

Grundsätzlich versteht man darunter, dass Sie etwas kostenlos abgeben, wenn sich jemand mit seiner Emailadresse einträgt. Dann bieten Sie ihm ein sog. One Time Offer für eines Ihrer Produkte an. Falls der Besucher ablehnt, bekommt er ein zweites One Time Offer, z.B. eine abgespeckte Version des ersten OTO. Wenn der User immer noch nein sagt, wird er auf die Mitgliederseite weitergeleitet, wo er sich einloggen und sein Geschenk abholen kann.

Gleichzeitig nimmt derjenige automatisch an Ihrem Affiliateprogramm teil und bekommt Provisionen, wenn er für Sie Werbung macht und jemand durch ihn Ihr OTO gekauft hat.

Dieses System funktioniert prächtig. Darum sehen sie es auch oft.

Wichtiger als die Frage, welches System Sie wählen sollten, ist, dass Sie sich ein überhaupt System aussuchen und mit ihm arbeiten.

Was können wir tun um sicherzustellen, dass unsere Produkte ein Erfolg sind?

Erstens, folgen Sie Ihrem Gefühl. Überlegen Sie, was Sie mit Leidenschaft erfüllt, was Sie lieben, und folgen Sie diesem. Entwickeln Sie ein Produkt zu etwas, das Sie selber gerne tun. Und machen Sie sich keine Gedanken, ob es sich verkaufen wird oder nicht. Denken Sie nicht ans Geld. Denken Sie an den Prozess.

Wenn mein Steckenpferd ferngesteuerte Autos sind, dann weiß ich einfach alles über ferngesteuerte Autos. Mein erstes Produkt könnte z.B. sein, ein Ebook zu schreiben über ferngesteuerte Autos oder ein Video über sie zu produzieren oder einen Podcast Radiosender über das Thema zu starten. Es spielt keine Rolle, was das Thema ist, es geht nur um den Lernprozess.

Sie lernen nämlich, wie man ein Ebook schreibt, wie man Bilder einfügt, wie man es formatiert, wie man es in ein PDF umwandelt, wie man aus einem Ebook ein Taschenbuch macht. Sie lernen alles darüber.

Wenn Sie ein Video erstellen, lernen Sie, wie man eine Videokamera benutzt, was ein Green Screen ist, wie man ein Video auf den Computer lädt und wie man es ins Internet stellt und bei YouTube postet. Sie lernen alles über Videos.

Und dann lernen Sie, wie Sie Ihr Produkt auf Ihre Website bekommen und in Ihr Marketingsystem integrieren und sehen, ob es sich verkauft. Und wissen Sie was? Wen kümmert es, ob es sich verkauft oder nicht. Sie wissen nun für Ihr nächstes Produkt, wie man die Dinge macht.

Dann können Sie noch Foren besuchen, um festzustellen, was die Leute nachfragen, und Sie können entweder ein ganz neues Produkt entwickeln oder Sie bauen Ihr Originalprodukt um und bringen eine Version 2 heraus, falls Version 1 ein Hit war.

Warum ist es so wichtig, einen guten Verkaufstext zu haben?

Mit Ihrem Verkaufsbrief steht und fällt das ganze Business, es ist der Knackpunkt.

Wenn Ihr Verkaufstext nicht die Vorteile Ihres Produkts oder Ihrer Dienstleistung in einer Weise erklärt, dass Ihre Zielgruppe begeistert ist und sie auf den Bestellbutton klicken lässt, weil sie es unbedingt kaufen will, dann sind Sie wie ein toter Fisch im Wasser.

Sie könnten die beste Mausefalle der Welt haben, aber wenn Sie es nicht in der Sprache vermitteln können, die Ihre Kundschaft benutzt, dann können Sie genauso gut Chinesisch zu Griechen sprechen.

Woran erkennen wir einen guten Verkaufstext und was ist dafür zu zahlen?

Einen guten Verkaufsbrief erkennen Sie ganz einfach daran, dass er Sie veranlasst, das Produkt zu kaufen. Und es spielt keine Rolle, ob das Ihre Branche betrifft oder nicht. Wenn ich einen Werbetext lese, zu dem ich eigentlich gar keine Beziehung habe wie z.B. einen für einen BH, aber die Werbung stellt den BH so wunderbar dar, dass ich beinahe fühle, wie angenehm er zu tragen wäre, dann ist das ein guter Verkaufstext. Sie sollten ihn ausschneiden, analysieren und in Ihre Beispielmappe legen.

Die Preise für das Schreiben von Verkaufstexten variieren. Meine Dienste beginnen bei 5.000 Dollar, was am unteren Ende der Skala liegt, aber ich habe dafür auch Arbeiten abgeliefert, die bis zu 25% Konversionsrate gebracht haben. Das heißt, eine von vier Personen, die den Verkaufstext gelesen hat, hat das Produkt auch gekauft. Das war aufregend für mich.

Dann gibt es noch das andere Ende der Preisskala, wo Leute wie z.B. Brian Keith Voiles 35.000 Dollar für das Schreiben eines Verkaufsbriefes verlangt. Ich weiß, wenn Leute von diesen Zahlen hören, denken sie: "Mann, das ist verrückt". Aber sehen Sie es aus der richtigen Perspektive: Man muss sich mit Verkaufspsychologie auskennen, um zu wissen, was man sagen muss, und man muss wissen, wie man mit Wörtern umgeht, um in den Köpfen der Leser die Bilder zu erzeugen, die sie in die Welt des Produktes eintreten lässt und sie sich in diesem Sportwagen sitzen oder diesen BH tragen sehen.

So gesehen sind 35.000 Dollar für einen Verkaufstext, der Millionen Dollar Umsatz generiert, nur ein Tropfen im Wassereimer.

Worin liegt die Bedeutung von Tracking und Testen? Was können Sie empfehlen?

Tracking und Testen ist lebenswichtig.

Es ist die einzige Möglichkeit festzustellen, was funktioniert und was nicht. Teil des Schreibens eines guten Verkaufstextes ist testen und beweisen. Das heißt z.B., eine bessere Schlagzeile zu schreiben, andere Hintergrundfarben zu testen oder verschiedene

Schriftarten zu probieren – man testet einfach alles. Aber immer eine Sache nach der nächsten.

Nehmen wir als einfaches Beispiel die Schlagzeile in einer Google AdWords Anzeige. Das ist etwas anderes als ein ausgewachsener Verkaufstext, aber die Prinzipien sind die gleichen:

Sie schreiben zwei Anzeigen, jede mit einer anderen Schlagzeile. Der übrige Text bleibt gleich. Und dann machen Sie einen Splittest. Dabei sieht die eine Hälfte der Besucher die eine Schlagzeile und die andere die zweite. Anschließend vergleichen Sie Ihre Statistiken um zu sehen, welche Überschrift besser verkauft.

Diese Schlagzeile ist Ihr Richtwert. Diesen gilt es zu verbessern. Sie können z.B. testen, jedes Wort mit einem Großbuchstaben beginnen zu lassen. Oder Sie testen andere Farben oder Schrifttypen für die Schlagzeile, oder Sie ändern ein oder mehrere Wörter. Sie testen, bis Sie den Richtwert schlagen konnten. Nun haben Sie einen neuen Richtwert, den Sie durch Tests weiter verbessern können.

Der gleiche Prozess gilt auch für Ihre Grafiken, Hintergrundfarben, einfach alles auf der Verkaufsseite.

Ebenso verfahren Sie mit Ihren Email-Texten. Auch hier können Sie per Splittest die beste Betreffzeile, den besten Mail-text und so weiter ermitteln.

Bezüglich Email-Split Tests gibt es bei Aweber ein eingebautes Feature und ich glaube auch bei Autoresponse Plus.

Für alles andere können Sie einen Service wie statcounter.com verwenden, mit dem Sie tracken können, wobei auch Split Tests meines Wissens möglich sind.

Qutsourcing

Es ist entscheidend. Die Denkweise eines typischen Unternehmers beschrieb ich einst unter anderem so: "Wenn man etwas richtig gemacht haben will, dann muss man es selber machen".

Dann begann ich auszuprobieren, was passiert, wenn ich jemanden mit ins Team nehme, der den Support macht, dann einen für die Grafiken, einen, der meine Audios editierte, einen, der Abschriften machte. Ich begann, ein Team von Leuten zusammenzustellen, die all diese Dinge besser konnten als ich. Und jetzt führe ich ein Unternehmen, statt dass das Unternehmen mich führt.

In der Tat reorganisierte ich mein gesamtes Business, indem ich mehr Leute mit einband, so dass ich mehr Zeit gewann, daran zu arbeiten, mein Geschäft zu vergrößern, anstatt dass ich all die täglichen Routinearbeiten machte wie früher.

Nischen Marketing

Die Wichtigsten Gründe, warum Nischen-Forschung wirklich ABSOLUT wichtig ist, wenn Sie wirklich erfolgreich werden wollen. Das Wählen der richtigen Nische kann Ihr Internet-Geschäft sehr erfolgreich machen, oder Sie KOMPLETT ruinieren, das sicherzustellen ist sehr wichtig, sogar überlebenswichtig, dass Sie alle Ihre zukünftigen Nischen Forschungen richtig angehen, bevor Sie mit Ihrer Nische sofort an den Start gehen.

Es gibt viele Gründe, warum Sie Ihre Nische richtig erforschen sollten; wir betrachten uns hier die wichtigsten Gründe, wie Sie mit dem Nischen Marketing vorgehen sollten. Sie müssen eine Nische finden, in der Sie sehr wenige Mitbewerber haben. Wenn Sie eine Nische wählen, müssen Sie sicherstellen, dass es viele Interessenten also „suchende" gibt, die an dem Produkt, oder Ihrer Dienstleistung interessiert sind, wenn Sie da zu wenige Interessenten haben, werden Sie mit dieser Nische scheitern.

Als Faustregel würde ich sagen, wenn Sie eine Nische finden, sollten mindesten 1000 monatliche Suchanfragen zu diesem Thema bestehen.

Ein Beispiel: Wenn Sie bei Google den Suchbegriff „Google Keyword Tool" eingeben, können Sie dort eine spezifische suche analysieren. Nun geben wir beim Google-Keyword-Tool den Suchbegriff „hunde erziehung" ein, nun sehen Sie die Monatliche Globale Suchanfrage von 40.500 suchenden aus dem „Suchgebiet google.de" also alles deutschsprachige, auch im auslandlebenden, die auf google.de den Suchbegriff: „hunde erziehung" innerhalb eines Monats dort eingegeben, und so etwas gesucht haben.

Nun geben Sie direkt bei google.de den gleichen Suchbegriff ein, also „hunde erziehung" und Sie sehen das ungefähr 740.000 Ergebnisse angezeigt werden.

Das heißt, zu diesem Thema gibt es insgesamt 740.000 Webseiten, die mit diesem Thema „hunde erziehung" etwas verbinden.

Die Faustregel gilt auch hier, es sollten nicht mehr als 300.000 Webseiten Betreiber, in den Suchergebnissen erscheinen, sonst haben Sie kaum Chance, schnell bei Google in den vordersten rängen gelistet zu werden.

Und Sie möchten doch sofort erfolgreich werden, und nicht erst nach ein paar Jahren harter Recherche, und Marketing Arbeit, bei der Sie von Zeit zu Zeit immer mehr die Moral verlieren, bis Sie letztendlich das Handtuch werfen! Bevor es richtig angefangen hat.

Schauen Sie einmal bei dem Keyword „hundewelpen erziehung" mit dem Google-Keyword-Tool, da gibt es 1.300 Monatliche Suchanfragen, und bei google.de suche direkt, insgesamt nur 123.000 Webseiten Betreiber, die zu diesem Thema etwas anbieten. Das ist eine absolut perfekte Nische.

Wenn Sie nun dieses Keyword „hundewelpen erziehung" auf Ihrer Webseite, in der Überschrift, bei den Keywords, du der Description öfters wiederholen, wird es schnell sein, das Sie Google mit dieser Keyword Kombination, auf die erste Seite listen wird.

Natürlich müssen Sie sich auch noch in verschiedenen Bookmarking Portalen kostenlos eintragen, und Ihren Text mit diesem Keyword immer 1-mal die Woche, bei zwei, oder drei Bookmarking Portalen einstellen. Dann werden Sie sehen, dass Sie nach nur sechs, bis acht Wochen, auf der ersten Seite, bei Google und Co. gelistet werden.

Nischen Marketing ist im Grunde nichts anderes als das Aufspüren eines Bedürfnisses und dieses dann befriedigen.

Das Phänomen des Nischen Marketings hat nahezu jede andere Art von Marketing abgelöst, weil es so notwendig ist, um online Gewinne zu machen.

Als Nischen Marketer ist es Ihr Job, eine Nachfrage mit kaufwilligen Verbrauchern, die ganz bestimmte Produkte oder Dienstleistungen suchen, ausfindig zu machen und ihnen dann das Gewünschte zu liefern.

Sie müssen eine Gruppe von Menschen finden, die auf ein spezielles Thema fokussiert sind und ihnen Produkte vermarkten, die deren Leben einfacher macht, ihnen mehr Spaß verschafft oder hilft, ein Ziel leichter zu erreichen.

Lassen Sie mich Ihnen ein paar Beispiele von Nischen im Internet geben:

- ☐ Kochrezepte
- ☐ Golf
- ☐ Angeln
- ☐ Gesundheit und Fitness
- ☐ Reisen
- ☐ Sammlungen
- ☐ Dating
- ☐ Hundeerziehung
- ☐ Satelliten TV
- ☐ Schönheitstipps
- ☐ Astrologie
- ☐ Katzen
- ☐ Cocktails
- ☐ Alternative Gesundheit
- ☐ Handgezogene Kerzen
- ☐ Gourmet Speisen
- ☐ Spielen und Wetten
- ☐ Hypotheken
- ☐ Kreditkarten

Die Liste der möglichen Nischen ist grenzenlos und egal, ob Sie an größeren oder kleineren Nischen interessiert sind, es gibt buchstäblich Hunderte, die es wert sind, dass man sich mit ihnen befasst.

Die obigen Nischen sind große oder sog. Mainstream Nischen. Wenn Sie sich darin Unternischen suchen (auch Mikro-Nischen genannt), ist das oft ein einfacher Einstieg in ein neues Gebiet, wo es eine stets wachsende Nachfrage, aber weniger Mitbewerber gibt.

Wenn Sie einmal Ihre Nische eingegrenzt haben, nachdem Sie die Profitabilität analysiert, Marktuntersuchungen durchgeführt und das Produkt festgelegt haben, das wahrscheinlich erfolgreich sein wird, können Sie dieses System in jeder weiteren neuen Nischen ebenso anwenden.

Diese Recherche-Methode, bei der Sie eine Liste von gewinnträchtigen Unternischen ermitteln, statt sich auf größeren Märkten zu versuchen, gibt Ihnen automatisch einen Vorteil gegenüber großen Unternehmen, die Nischen unter einer Hauptkategorie zusammenfassen.

Das sind die Gründe:

- Sie werden schnell ein Experte in Ihrer Nische, da Sie sich auf ein Produkt oder eine Marke konzentrieren.
- Es ist leichter, in einer kleinen Nische auf dem Laufenden zu bleiben, als alle Mainstream Märkte (und deren Unternischen) abzudecken.
- Sie können schneller auf Marktveränderungen reagieren und Ihr Marketing auf neue Trends umstellen.
- Sie können mit Kunden eine engere Beziehung aufbauen und vermeiden gleichzeitig den

Konkurrenzkampf mit etablierten Merchants, die den Markt dominieren (und sättigen).

Noch ein Grund, warum es ratsamer ist, sich auf kleine Teilmärkte zu spezialisieren, ist die höhere Wahrscheinlichkeit, neue Produkte zu kreieren, die Ihrer Zielgruppe noch nicht angeboten wurden.

Unternischen können genauso profitabel sein wie Hauptnischen, auch wenn es weniger Verbraucher gibt, falls Sie sich auf langfristiges Wachstum fokussieren, wo Sie in der Lage sind, Zukunftsprodukte zu entwickeln und sie der Zielgruppe anzubieten, statt deren Verlangen (Bedürfnisse und Probleme) mit einem einzigen Produkt zu befriedigen.

Wir werden in einem späteren Kapitel potenzielle Märkte analysieren, wo ich Ihnen zeigen werde, wie man die Profitabilität eines Marktes bestimmt, bevor Sie Ihre Marketing Kampagne entwickeln.

Wie man die „RICHTIGE" Nische wählt Nachdem wir jetzt wissen, was Nischenmarketing ist, ist die nächste Frage:

Wie finden wir die richtige Nische für Sie?

Nun, zu allererst beginnen Sie mit einfacher, aber doch wichtiger Marktuntersuchung.

Auch wenn Sie persönlich an einem bestimmten Thema interessiert sind, müssen Sie sicherstellen, ob das ein Markt ist, der bereits eine „hungrige" Zielgruppe besitzt.

Das letzte, was Ihnen passieren sollte, ist, dass Sie an eine winzige Nische mit nur wenigen Verbrauchern geraten sollten, nur weil Sie ein starkes persönliches Interesse haben.

Wenn es aber darum geht, sich die beste Marktnische auszusuchen, kommt es nur auf etwaige Wettbewerber, vorhandene Nachfrage und Dauerhaftigkeit an.

Dies sind die besten Tools, wenn es um die Untersuchung geht, welches die profitabelsten Marktnischen sind:

- Adwords Google Keyword Tool
  https://adwords.google.com/select/KeywordToolExternal
- Nichebot Classic
  http://www.nichebotclassic.com
- Micro Niche Finder
  http://www.micronichefinder.com
- Trend Watching
  http://www.trendwatching.com/trends/
- Google Trends
  http://www.google.com/trends
- Ebay Pulse
  http://pulse.ebay.com
- Big Boards of Forums
  http://www.big-boards.com/

Lassen Sie uns einen genaueren Blick auf diese Utilities werfen:

Adwords Google Keyword Tool

Das Adwords Google Keyword Vorschlag Tool erlaubt Ihnen, einen Suchbegriff (Keyword) oder eine Keyword

Phrase bezüglich der zu untersuchenden Nische einzugeben.

Es zeigt Ihnen dann eine lange Reihe von Keywords und Keyphrasen an, und zwar zusammen mit dem Suchvolumen und der Mitbewerber dichte, so dass Sie leicht ermessen können, wie populär die Nische im Moment ist und wie viele Mitbewerber hier bereits involviert sind.

Nehmen wir als Beispiel an, Sie möchten sich in der lukrativen und konkurrenzstarken Nische „Hundeausbildung" engagieren.

Wenn Sie „Hundeausbildung" eingeben, werden Sie schnell herausfinden, dass es höchstwahrscheinlich kein Suchbegriff ist, mit dem Sie in der Lage sind, in den Suchmaschinen weit vorne gelistet zu werden, einfach aus dem Grund, weil hier unglaublich viel Wettbewerb herrscht.

Das Ziel ist aber, in Suchmaschinen wie Google unter den Top Suchergebnissen zu rangieren, was bedeutet, dass Sie eine gefragte Marktnische finden müssen, die wenige Konkurrenten aufweist.

Um dieses Ziel zu erreichen, müssen Sie nach bestimmten Keywords und Keyword Phrasen suchen, die nicht so umkämpft sind und gleichzeitig eine ausreichende Menge an Traffic pro Monat aufweisen.

Sie könnten das eventuell in der Hauptnische „Hundeausbildung" mit einer Unternische wie „gratis Hundeausbildung Tipps" erreichen, die deutlich weniger besetzt ist, aber immer noch eine gute Menge Traffic aufweist.

Wenn Sie nach einer Nische suchen, müssen Sie Keywords und Phrasen wählen, die kleinere Besucherzahlen aufweisen. Sie müssen also nach speziellen Keywords Ausschau halten, die weniger gebräuchlich sind, so genannte long tail keywords.

„Hundeausbildung" und „gratis Hundeausbildung Tipps" haben beide Traffic, aber natürlich hat „Hundeausbildung" tonnenweise mehr Suchanfragen. Doch ist der Begriff so umkämpft, dass Sie auf Seite 200 bei Google oder Yahoo landen, so dass niemals irgendjemand Ihr Angebot findet.

Bei „gratis Hundeausbildung Tipps" haben Sie viel bessere Chancen, mit Suchmaschinen-Optimierung (SEO) auf Seite 1 zu landen.

Danach suchen Sie weitere Keywords und Phrasen, die ähnlich geringen Traffic und Wettbewerb haben. In der Summe bekommen Sie schließlich doch Tonnen von Traffic auf Ihre Seite.

Nichebot Classic

Dies ist ein gratis Service, der mit Wordtracker verbunden ist.

Wordtracker ist einer der wichtigsten Keyword und Keyword Phrasen Bilder. Das heißt, damit können Sie den Content auf Ihrer Website optimieren und spezielle Keywords / Keyphrasen verwenden, die Traffic auf Ihre Seite ziehen. Außerdem können Sie damit Ihre Artikel bei einer Vielzahl von Artikel Verzeichnissen einreichen.

Es ist kostenlos durch Nichebot Classic oder Sie registrieren einen Account bei:

www.wordtracker.com (weitere Infos: www.blogtopf.de/seo/wordtracker-startet-keywordquestions/).

Micro Niche Finder

Micro Nich Finder ist eine leicht zu erlernende Software, die macht, was Wordtracker und Nichebot Classic können, außer dass Sie nicht die Keywordliste in dieser Desktop Applikation suchen und speichern können.

Es gibt sehr viele Keyword Tools, aber ich finde dieses am einfachsten zu handhaben. Es läuft fast automatisch und lässt Sie von Hauptkeywörtern zu speziellen Nischenkeywörtern finden, wobei Sie alle Statistiken bekommen, die Sie brauchen, um eine gute Wahl zu treffen.

Weitere Keyword Tool Informationen: www.ranking-check.de/keyword-datenbank.php

Trend Watching and Google Trends

Zwar hat dieses Tool nichts direkt mit Nischen-Recherche zu tun, aber es spielt eine ziemlich wichtige Rolle, wenn Sie bereits eine generelle Idee haben, in welche Nische Sie gehen wollen.

Wie der Name anzeigt, handelt es sich um zwei Tools, um Trends im Markt zu analysieren.

Es macht absolut keinen Sinn, sich auf eine Nische einzulassen, die nicht einmal den Anschein hat, dass öffentliches Interesse besteht. Das führt nur zum Scheitern.

Ich habe vor allem von diesen beiden Tools gelernt, dass Google Trends dich wissen lässt, welche Themen im Moment heiß sind. Wenn Sie also nach Ideen für Artikelschreiben suchen, die Bezug zu Ihrer Nische haben und die die neuesten Nachrichten im Internet sind, dann müssen Sie in Google Trends schauen.

Ich selber schaue jeden Tag rein und suche nach Stoff, aus dem ich Web Content erstellen kann für die Nischen, die ich bewerbe.

Trendbeobachtung ist nicht kostenlos, aber wenn Sie up-to- date sein wollen, dann sollten Sie es kaufen. Es werden alle wichtigen Märkte abgedeckt und wohin die Tendenz führt. Alle neuen Trends sind mit eingeschlossen. Wenn Sie also eine Nische im Kopf haben, können Sie sehen, ob es darin Trends und neue Entwicklungen gibt.

Sie können Trendwatching auch verwenden, um auf neue Märkte am Horizont aufzuspringen, welche sich mit Ihrer Nische verbinden lassen.

Ebay Pulse

Ebay Pulse weiht Sie ein, was die Leute kaufen. Sie müssen wissen, was heiß ist und Ebay Pulse versorgt Sie mit Informationen, was die Shopper in Sinn haben.

Es ist zwar eine tolle Sache, eine Nische zu haben, aber Sie müssen auch wissen, ob die Leute interessiert sind, etwas in Ihrer Nische zu kaufen.

Ebay gibt Ihnen die Top 10 Kategorien, in denen gekauft wird, und zusätzlich erhalten Sie eine Liste der meist gesuchten Dinge auf ebay.

Ebay ist ein guter Maßstab für das, was die Menschen interessiert. Und Sie selbst suchen ja nach genauen Informationen, an was die Verbraucher interessiert sind. Vielleicht auch an Dingen, die im Zusammenhang mit Ihrer Nische stehen. Wenn Sie beispielsweise im "Hundetraining" Geschäft sind, können Sie Dinge anbieten wie Hundehalsbänder, Hundetraining auf CD und ähnliches.

Big Board of Forums

Das Big Board of Forums ist eine Monsterliste mit Foren der verschiedensten Interessen. Es gibt hier alles und die Datenbank wächst täglich weiter. Wenn Sie nach irgendetwas suchen, das Sie interessiert, dann klicken Sie einfach die Links und besuchen die Foren. Das ist Recherche an den Wurzeln.

Wenn Sie einem Forum beitreten, erfahren Sie von den Hoffnungen und Träumen der Leute, mit welchen Problemen sie kämpfen und welche Fragen sie bewegen. Sie können Antworten posten und sich somit langsam einen Namen machen. Es ist auch ein Meer von Ideen, die nur darauf warten, von Ihnen aufgefischt zu werden. Für den deutschen Sprachraum zum Beispiel:

http://www.paradisi.de/Forum/

Weitere Ideen

- Alexa Top Sites
  http://www.alexa.com/topsites
- Amazon Bestsellers

http://www.amazon.com/gp/bestsellers/books
- Barnes and Noble Bestsellers
  http://www.barnesandnoble.com/bestsellers/
- WikiSuccess
  http://www.wikisuccess.org/wiki/Main_Page
- Squidoo Top 100 Lenses
  http://www.squidoo.com/browse/top_lenses
- 43 Things
  http://www.43things.com/
- Recreational Ideas from Yahoo
  http://dir.yahoo.com/recreation/hobbies
- The Groups: Google, Yahoo
  http://groups.google.com/
  http://groups.yahoo.com/
- Yahoo Answers
  http://answers.yahoo.com
- Yahoo Buzz Index
  http://buzz.yahoo.com/
- Technorati
  http://technorati.com/

Nischen Marketing

Ich setze voraus, dass Sie wissen, wie man einen guten Domainnamen bekommt, eine Website einrichtet usw. Das Bewerben Ihrer Nische ist dann der nächste Schritt, damit Sie Besucher erhalten.

Falls Sie eine kostenlose Seite einrichten möchten, habe ich hier ein paar Empfehlungen, die es Ihnen erlauben, deren Service gratis zu nutzen:

☐ Gratis Website/Blog Platforms

- Blogger – www.blogger.com
- Wordpress – www.wordpress.com
- Typepad – www.typepad.com

Wenn Sie Ihre eigene Domain und Ihr eigenes Webhosting wünschen, finden Sie hier nachfolgend gute Angebote:

☐ Domainnamen registrieren:

- Godaddy
  www.godaddy.com
- United Domains
  www.united-domains.de

Webhosting:

- Hostgator
  www.hostgator.com

Nun müssen Sie Ihre Seite(n) per unbezahlter und kostenpflichtiger Methoden bewerben.

Zunächst die kostenlose Bewerbung.

Wir lieben gratis, stimmt's? Ob Sie es glauben oder nicht, es gibt massenweise kostenlose Werbemöglichkeiten, womit Sie Ihre Seite bekannt machen können.

Wenn Sie erst am Anfang stehen, sollten Sie einigen Web Content für Ihre Seite schreiben.

Wenn Schreiben nicht Ihr Ding ist, können Sie es outsourcen und Freelancer für Sie tun lassen. Wie auch immer, Hauptsache ist, dass Sie Content auf Ihrer Website und für Ihre Website anbieten.

Sie müssen mindestens 10 bis 20 Artikel in Ihrer Nische posten, bevor Sie versuchen, Kapital aus Ihrer Site zu schlagen. Der Grund ist einleuchtend. Bevor Sie verdienen, müssen Sie sich eine gewisse Glaubwürdigkeit für Ihre Seite geschaffen haben. Egal, ob kostenlos oder kostenpflichtig, damit Leute glauben, was Sie schreiben, ist die beste Methode das Posten in Blogs und das Verfassen von Pressemitteilungen und Artikeln in Ihrer Nische.

Dies tun Sie, indem Sie z.B. Produkte besprechen, Ratschläge geben oder über Themen von allgemeinem Interesse für Ihre Nische schreiben. Dabei müssen Sie die Keywords und Keyword Phrasen verwenden, die Sie bei Ihrer Recherche ermittelt haben, um die höchstmögliche Besucheranzahl zu erzielen.

Denken Sie immer daran: geringe Zahl an Mitbewerbern, ausreichend Traffic.

Jedes einzelne Keyword sollte eine ausreichende Menge an potenziellen Besuchern haben und es sollte nicht gerade von Konkurrenten wimmeln, die genau das gleiche Keyword promoten. Indem Sie sich auf den oben genannten Seiten umgesehen haben, haben Sie bereits den ersten Schritt getan und spezielle Ideen bezüglich Ihrer Nische generiert.

Einige kostenlose oder fast kostenlose Anzeigenmärkte

Auf diesen Seiten können Sie kostenlos inserieren:

- USFreeAds
  www.usfreeads.com

Dies ist einer der meist besuchten Anzeigenmärkte. Er ist nicht nur 100% gratis, sondern auch hervorragend für Promotion und Marketing.

- Ad Post
  www.adpost.com
- Craigslist
  www.craigslist.com

Dies ist ein weiteres stark frequentiertes Portal, wo jedermann inseriert und Leute nach Dingen schauen, die sie interessieren. Um schnell Traffic zu bekommen, schauen Sie in Craigslist nach, ob es eine Rubrik gibt, die zu Ihrer Nische passt.

Wenn Sie mehr auf den deutschsprachigen Raum aus sind, finden Sie hier die interessantesten Anzeigenmärkte:

http://insidermarketing.de/kleinanzeigenmaerkteeine-liste/

Es gibt buchstäblich noch Hunderte weitere. Geben Sie in Ihrer Suchmaschine einfach nur „Kleinanzeigen" ein und Sie bekommen eine Riesenliste.

Beginnen Sie zu schreiben oder bezahlen Sie jemand, der für Sie schreibt. Eine der besten, kostenlosen Methoden Aufmerksamkeit für Ihre Nische zu bekommen, ist zu schreiben, worüber Sie Bescheid wissen.

Dies ist Ihre Nische, also sollten Sie sie nicht nur durch Anzeigen bewerben, sondern auch die Glaubwürdigkeit Ihrer Website aufbauen, indem Sie guten Qualitäts-Content über Ihre Nische und Ihre Nischen-Produkte erstellen.

Sie müssen nischenspezifische Fachartikel über die Produkte, die Sie verkaufen wollen, schreiben, um Sie auf Ihrer eigenen Website und in Artikelverzeichnissen, Webkatalogen usw. zu veröffentlichen.

Zu Ihrer Information:

Verschiedene Suchmaschinen haben eine gewisse Vorliebe für Artikel-Verzeichnisse. Damit meine ich, dass Ihr Fachartikel im Allgemeinen am schnellsten in bestimmten Suchmaschinen gelistet wird, wenn Sie ihn bei einem Artikelverzeichnis einreichen.

Google liebt (in dieser Reihenfolge) – Search Warp, Go Articles and Ezine Articles

- ☐ www.searchwarp.com
- ☐ www.goarticles.com
- ☐ www.ezinearticles.com

Google mag auch US Free Ads.

- ☐ www.usfreeads.com

Yahoo liebt Ad Post and Ezine Articles

- ☐ www.adpost.com
- ☐ www.ezinearticles.com

Eine der erfolgreichsten Artikel Marketing Techniken ist die Bum Marketing Methode. Sie ist einfach, unkompliziert und effektiv.

Bum Marketing ist kostenlos hier erhältlich:

- www.bummarketingmethod.com/

Die Methode ist ohne Kosten, aber sie wird von tausenden von Marketern schon eine geraume Zeit mit exzellenten Resultaten verwendet.

Bezahlte Anzeigen Methoden

Falls Sie etwas Kapital haben, das Sie in den Start Ihres Nischen Marketing Geschäfts investieren können, dann ist bezahlte Anzeigenwerbung in großen Suchmaschinen eine Option.

Google, Yahoo und MSN bieten Kontext bezogene Anzeigen gegen Gebühr.

Die meisten beginnen mit Google, weil es allgegenwärtig ist, aber Sie können auch die anderen beiden Suchmaschinen testen, ob Sie Ihnen mehr Traffic bringen.

Im Gegensatz zum allgemeinen Glauben benutzt nicht jeder Google, nur ungefähr 85% der Welt.

Viele bevorzugen auch Yahoo und einige sogar MSN. Ask.com und About.com sind auch gute Anzeigenmedien, die Sie ausprobieren können.

Außerdem sollten Sie auch nicht die großen Social Engines vergessen – Facebook, MySpace und Twitter haben Millionen Mitglieder, die an Ihren Produkten interessiert sein könnten.

- Google Adwords
  http://adwords.google.com
- Yahoo Advertising
  http://searchmarketing.yahoo.com
- MSN Advertising
  http://advertising.microsoft.com/advertising
- Facebook Advertising
  www.facebook.com/ads/
- MySpace Advertising
  https://advertise.myspace.com/

Die richtige Nische finden

Viele Menschen suchen nach Wegen, online Geld zu verdienen. Eine Nische zu finden, die noch weitgehend unberührt ist, ist eine ganz tolle Möglichkeit, Geld zu machen. Viele wissen aber nicht, wie man eine Nische findet und wie man in diese Art von Marketing einsteigt.

Zuerst müssen Sie sich entscheiden, welche Art von Nische Sie wählen wollen. Die Auswahl ist riesig, aber Sie sollten sich für einen Bereich entscheiden, in dem Sie sich auskennen und der noch nicht mit anderen Marketern überflutet ist.

Das kann durchaus schwierig sein, da schon viele Leute diese Marketing Strategie nutzen, so dass schon fast jede

Nische eine oder zwei Websites aufweist. Das bedeutet aber nicht, dass Sie nicht Ihren Nischenplatz finden. Sie müssen Ihre Website nur besser optimieren in Bezug auf Keywords und Content.

Auf diese Weise ist garantiert, dass mehr Besucher auf Ihre Seite gehen als auf die der anderen Webmaster derselben Nische. Es gibt verschiedene Typen von Nischen, z.B. die Nischen für Leute mit einem Hobby, Nischen für Selbsthilfe, für Geschäftsaufbau und Affiliate Marketer und viele mehr.

Killer Nischen Märkte enthüllt

Dies hier sind die beliebtesten Nischenmärkte für Anfänger, die nach einer guten Nische suchen, mit der sie starten können.

Es gibt auch mehr individualisierte Nischen wie technische oder religiöse Nischen; sie werden später behandelt.

Nischen für Hobbys

Wenn Sie ein bestimmtes Steckenpferd haben, dann sollten Sie darauf Ihre erste Nische aufbauen. Und zwar aus dem naheliegenden Grund, dass Sie hierin großes Interesse und ein stattliches Spezialwissen haben.

Es gibt viele Menschen, die Ihr Hobby mit Ihnen teilen und die gewillt sind, ihr Geld für Dienstleistungen und Produkte auszugeben, die Sie ihnen anbieten.

Sie könnten auch „Wie macht man…"-Videos produzieren, die aus mehr als einem Teil bestehen, so dass die User gewissermaßen gezwungen sind, wieder auf Sie zurückzukommen, um den nächsten Teil oder Schritt zu sehen.

Videospiel-Nische

Es gibt eine große Bandbreite an Hobbynischen, aus der man wählen kann. Wenn Sie z.B. ein Liebhaber von Videospielen und in einem speziellen Spiel besonders gut sind, könnten Sie eine Seite einrichten mit Tipps und Tricks, die den Novizen helfen, selbst besser zu werden. Gegebenenfalls richten Sie mehr als eine Seite ein, um mehr als nur ein Videospiel abzudecken. Auch hier verraten Sie Insider-Tricks, wie man leichter Sieger wird.

Wenn Sie Ihre Videospiel-Nischenwebsite einrichten, sollten Sie darauf achten, muss der aktuelle Name des Spiels in der Domain und in Keyword Phrasen vorkommen wie z.B. „wie man ... spielt", „...austricksen" oder „meistertricks für ...".

Was auch immer Sie als Hauptthema für Ihre Nische planen, stellen Sie sicher, dass Sie Ihre Auswahl an Keywords optimieren. Mit dieser Optimierung haben Sie eine größere Chance, bei Suchmaschinen auf der ersten Seite zu erscheinen.

Dadurch bekommen Sie letztendlich mehr Hits und mehr Besucher auf Ihre Site.

Wenn Sie diese Nische belegen, ist es ungemein wichtig, dass Sie absolut alles darüber wissen. Sie müssen wirklich eine umfassende Kenntnis haben oder die erfahreneren Webmaster der gleichen Nische bekommen mehr Traffic wegen des besseren Contents. Es ist nicht genug zu wissen, wie man ein Video Game spielt; Sie müssen auch etwas bieten, was andere nicht haben.

Sie müssen dafür sorgen, dass Ihr Content Qualität hat und dass es das ist, was die User lesen wollen. Einfach nur Ihre hohen Punktzahlen anzugeben, ist nicht genug, aber es hilft, wenn Sie erklären können, wie man solch hohe Scores schafft, so dass andere Spieler das auch erreichen.

Online Zocker Nische

Online Glücksspiel ist eine der am schnellsten wachsenden Märkte im Internet geworden und Nischenmarketing hat gerade erst begonnen, hier Fuß zu fassen.

Einer der Gründe, warum eine Zockernische so profitabel sein kann, ist, weil diejenigen, die Ihre Website besuchen, Ihnen schon Geld bringen. Bevor wir dazu kommen, lassen Sie uns über die verschiedenen Arten von Online-Glücksspiel sprechen: Es gibt Internet-Casinos, die die unterschiedlichsten Spiele anbieten, Bingo Sites mit Bingo und Slot Machines, Online-Buchmacher für wahrlich alle Arten von Sportereignissen und dann gibt es noch Online-Poker.

Zum Zwecke der Veranschaulichung konzentrieren wir

uns auf Online-Poker. Online Poker wurde sehr populär durch WSOP (World Series of Poker) im Fernsehen.

Die meisten der großen Pokerturniere werden nun im Fernsehen gezeigt und es ist fast unmöglich, durch die Kanäle zu zippen, ohne darauf zu stoßen.

Einige Online-Poker-Partnerprogramme können Ihre Website monetarisieren; indem Sie Artikel über diese Industrie schreiben, können Sie Geld verdienen.

Fügen Sie Kontext bezogene Anzeigen in Ihre Website ein. Das erfolgt für gewöhnlich auf der rechten Seitenspalte.

Melden Sie sich bei einigen Seiten an, die Ihnen Geld dafür bezahlen, wenn Leute auf deren Banner klicken.

Die besten Poker Affiliate Programme

- Party Poker Affiliate Program –
  20-25% MGR $65-$75 MGR
  www.partypartners.com
- PokerRoom Affiliate Program –
  30-40% MGR $75-$150 CPA.

Sie müssen eine Email senden, um am Partnerprogramm teilnehmen zu können;

www.pokerroom.com/de/

- Poker.com Affiliate Program –
  40% MGR
  http://www.pdcaffiliates.com/
- Hydra Network
  www.hydragroup.com

Poker Affiliate World ist ein integriertes Affiliate Netzwerk für online Poker.

http://www.pokeraffiliateworld.com/

Da Poker legal ist (Geschicklichkeits-, nicht Glücksspiel) und von jedermann gespielt werden kann, der volljährig ist, ist die Popularität alters- und grenzenlos.

Männer wie Frauen lieben Poker und sind gleichermaßen qualifiziert zu spielen. Poker setzt keine Muskelpakete oder irgendeine Art körperlicher Betätigung voraus.

Es gab sogar schon blinde Spieler, die an den World Series of Poker teilnahmen. Bei solch einer Popularität kann eine Nischenseite zu dem Thema hochprofitabel sein, falls Sie es verstehen, sie im Vergleich zu ähnlichen Pokersites einzigartig zu machen.

Wiederum spielt Content eine zentrale Rolle und ebenso Keyword Optimierung, da es zahlreiche Konkurrenzseiten zum Thema Online Poker gibt. Sogar professionelle Pokerspieler sponsern jetzt Online Poker Sites und spielen auf ihnen regelmäßig, wodurch sie Amateuren Gelegenheit geben, einmal gegen einen Profi zu spielen.

Außer Poker gibt es keinen anderen Sport, wo sich ein Amateur unter gleichen Voraussetzungen mit einem Profi messen kann!

Viele Leute gehen nur online, um Poker spielen zu lernen und um sich bei Poker Websites zu registrieren. Es gibt viele Seiten, wo man kostenlos spielen kann und Spieler aus aller Welt sind willkommen.

Auch wenn es ein von der UEFA initiiertes Gesetz gibt, das Banken in den USA nicht erlaubt, Online Gaming zu finanzieren, bedeutet das nicht, dass es für jemand in den USA illegal ist, kostenlos oder um Geld in einem Online Website Gaming Room oder einer Bingo Hall zu spielen. So ist die Situation mit Ausnahme einiger weniger Staaten, aber das Gesetz wird wohl in Kürze geändert werden.

Viele verstehen dieses Gesetz nicht und wissen nicht, dass es ihnen erlaubt ist zu spielen.

Das wäre ein interessantes Thema für eine Nische, wo Sie aktuelle Informationen darüber anbieten. Die beste Methode, Geld mit einer Online Poker Nische zu machen, ist, sich bei einzelnen Poker Sites anzumelden, um einen Affiliate Link zu bekommen.

Ein Affiliate Link ist ein HTML Code, den Sie auf Ihrer Website unterbringen und der als ein grafischer Werbebanner erscheint. Sie können Banner für jede Seite im Netz haben. Wenn ein potenzieller Spieler auf Ihren Link klickt und einen Account in einem Pokerroom eröffnet, bekommen Sie einen prozentualen Anteil vom echten Spielgeld.

Die meisten Spieler beginnen erst einmal gratis und mit Spielgeld zu spielen, aber sobald sie sich sicherer fühlen oder Blut geleckt haben, ist es sehr wahrscheinlich, dass sie auch mit echtem Geld spielen.

An diesem Punkt verdienen Sie als Affiliate, der den Spieler vermittelt hat, dann Ihr Geld. Als Poker Affiliate bekommen Sie einen bestimmten Prozentsatz vom Rake, der von jedem Pot, in den Ihr Spieler einzahlt, abgezogen wird.

Der Rake ist der Anteil des Hauses bei Spielen um Geld oder ein Prozentsatz bei Turnieren. Er beträgt normalerweise 10 Prozent der Antrittsgebühr eines Turniers. Wenn die Gebühr z.B. 3 Dollar beträgt, dann belaufen sich die Gesamtkosten für den Spieler 3 Dollar und 30 Cents. Von diesen 30 Cents Rake bekommen Sie einen Teil.

Normalerweise liegt dieser Anteil zwischen 5 und 10 Prozent vom Gesamt-Monats-Rake des Spielers. Dieses Geld wird Ihrem Poker Account gutgeschrieben, das sie sodann fürs eigene Spielen verwenden können oder das Sie sich auf Ihre Online Bank wie z.B. Click2Pay auszahlen lassen, wo Sie es dann verwenden, wie Sie wollen.

Diese Provision mag klein erscheinen und nicht wie großes Geld aussehen. Da haben Sie zunächst Recht, aber auf lange Sicht können Sie viel Geld in dieser Nische machen. Wenn Sie 100 Kunden vermittelt haben, für die Sie 10% von 100 Dollar Monats-Rake bekommen, so sind das pro Spieler 10 Dollar Provision. Mal 100 Spieler = 1.000 Dollar pro Monat! Und das nur für eine Pokerseite; es gibt derer aber viele!!

Wenn Sie Affiliate bei beispielsweise vier Poker Rooms sind, können Sie tatsächlich Tausende von Dollar mit diesem Nischentyp verdienen...

Dies ist nur eine Einzelnische im großen Online Gaming Bereich. Partnerprogramme werden auch für alle anderen Online Zockermöglichkeiten angeboten.

Sie könnten die Zugriffe auf Ihre Webseite-Links zu Poker Rooms erhöhen, indem Sie Trainingsvideos und Blogs anbieten, die zeigen, wie man Poker spielt oder besser Poker spielt.

Dies wird die Interessenten veranlassen, immer wieder auf Ihre Seite zurückzukommen, um zu sehen, was es dort Neues gibt. Es gibt zwar viele gute Pokerbücher, die man erwerben kann, aber wenn die Leute dieselben Anfänger-Unterweisungen auch auf Ihrer Website bekommen, dann müssen sie keine teuren Bücher kaufen, sondern werden Ihrer Site treu bleiben.

Loyale Spieler kommen immer wieder zurück, um zu sehen, was für Neuigkeiten Sie ihnen zu bieten haben.

Das Einrichten eines Forums, in dem Spieler ihre Poker-Erfahrungen austauschen können, ist eine weitere Möglichkeit, Ihre Keyword Auswahl zu optimieren, wenn das Forum zu Ihrer Website verlinkt. Viele Besucher werden sich Ihrem Forum anschließen und schließlich auch bei Poker Sites über die Links auf Ihrer Website anmelden. Das erfordert nur wenig Aufwand Ihrerseits und Sie können sogar diejenigen, die viel im Forum posten, zu Administratoren und Moderatoren machen.

In vielen Fällen werden sie sich kostenlos um das Forum kümmern.

Mehr als eine Seite zu haben, die alle auf dasselbe Keyword optimiert sind, ist ein weiterer Weg, mehr Traffic auf alle Seiten und Foren zu bekommen. Schließlich können Sie auch noch Waren anbieten, die direkt über Ihre Website gekauft werden können. Das können alles Produkte sein, die mit Poker zu tun haben wie Kartenhalter, Chip Sets, T-Shirts und andere Werbeprodukte.

Wenn Sie wirklich ein bisschen Geld investieren wollen, um mehr Geld zu verdienen, dann bieten Sie diese Artikel mit Ihrem Logo bzw. Ihrem Domainnamen an, was wiederum hilft, Ihre Website zu bewerben.

Handarbeitsnische

Falls Ihr Hobby irgendwelche Handarbeiten sind, können Sie eine Handarbeitsseite online stellen, die sich um alle Aspekte Ihres Hobbys dreht. Zur vereinfachten Demonstration wählen wir Häkeln als Beispiel.

Viele Leute würden gerne häkeln, aber sie haben kein Geschäft in der Nähe, wo sie Muster, Materialien und Anleitungen für Anfänger bekommen können. Wenn Sie dieses Hobby als Ihre Nische erwählen, werden Sie viele Leute haben, die Interesse an dieser Art von Handarbeit haben und die mehr als glücklich sind, immer wieder für neue Informationen zurückzukommen.

Wie bei allen anderen Nischen auch, können Sie wieder „Wie macht man..."-Videos offerieren, die Ihnen wiederkehrende Besucher bescheren, weil Sie nach weiteren Anleitungen suchen, um die Arbeiten, die Sie ihnen zeigen, fertig zu stellen möchten.

Es gibt einen Riesenmarkt für „Wie macht man..."-Videos und viele, die neu zu einem Hobby kommen, wissen dieses Anschauungsmaterial zu schätzen.

Sie können auch Videos mit einfachen Stichen anbieten, die es Neulingen ermöglichen, ohne viele Fehlversuche zu starten.

Wir leben in einer Zeit, in der wieder mehr Menschen eigene Handarbeiten für Geschenke und für sich selbst machen wollen. Es kann recht teuer kommen, Geschenke für Geburts- und Feiertage zu kaufen; Handarbeiten, die persönliche und individuelle Aufmerksamkeiten ermöglichen, können da viel Geld sparen helfen.

Wenn Sie Handarbeiten als Nische nehmen, kommen nicht nur die Neulinge zu Ihnen, sondern auch Fortgeschrittene und Experten erfreuen sich an Ihren Tipps und Videos und kehren ebenfalls zurück, um Ihre Blogs und Fachartikel zu lesen.

Wenn Sie möchten, dass Sie durch Ihre Website mehr Geld verdienen als typische Nischenseiten, können Sie Produkte zum Kauf anbieten, die Sie selbst oder andere gemacht haben.

Viele handgemachte Artikel verkaufen sich zu einem guten Preis im Internet. Das erspart Ihnen auch Auktionsgebühren, falls Sie versuchen sollten, sie zu versteigern.

Durch das Anbieten von Materialien und Werkzeug könnten Sie Ihren Gewinn weiter steigern. Viele Menschen bevorzugen es, ihr Zubehör online zu kaufen, andere sind ans Haus gebunden und nicht in der Lage, selber zu einem Handarbeitsladen zu gehen.

Sie können auch einige Pay-per-Click Anzeigen wie z.B. Google Adsense auf Ihre Seite einfügen, um etwas zusätzliches Einkommen zu generieren.

Es gibt so viele weitere Hand- und Bastelarbeiten, an denen Leute interessiert sind, beispielsweise Kerzenziehen, Weben, Schmuckherstellung, Sticken und vieles, vieles mehr.

Finden Sie eine Nische, die noch nicht oder noch nicht allzu sehr besetzt ist, und Sie werden eine Menge treue Besucher haben. Dies ist der beste Weg, Ihr Hobby als Nische zu nutzen und gut bezahlt zu werden.

Selbsthilfe Nischen

Die Selbsthilfe-Nische ist auch eine populäre Nische. Viele Leute suchen nach Wegen, sich selbst und ihr Leben zu verbessern.

Da gibt es Nischen, wo es darum geht, Gewicht zu verlieren, um Do-it-yourself oder bestimmte Dinge im

Leben zu organisieren. Es ist das Selbsthilfe-Zeitalter, und wenn Sie irgendwelches spezielles Wissen auf einem Gebiet haben, können Sie eine Nische kreieren, die vielleicht sogar noch gar nicht besetzt ist.

Sie mag zwar nicht so beliebt sein wie die Gewichtsreduzierungs-Nische, was aber keine Rolle spielt, denn da es keine oder wenige Konkurrenzseiten gibt, haben Sie automatische Hits oder Besucher.

Wenn Sie sich für eine Nische entscheiden, die populär ist, müssen Sie wie bei jeder anderen Nische sicherstellen, dass sie Ihre Keywords und Ihren Content erstklassig optimiert haben.

Persönliche Selbsthilfe Nischen

Auf dem Gebiet der persönlichen Selbsthilfe steht eine große Vielzahl von Themen zur Auswahl. Alles, was hilft, einen in irgendeiner Form zu verbessern, gehört in diese Kategorie.

Körper oder Geist verbessern, Einstellung oder Gesundheit verbessern – all dies sind Selbsthilfe-Themen.

Wenn Sie eines davon für Ihre Nische wählen, dann eines, das populär, aber nicht überfüllt ist. Nehmen wir als Beispiel Aromatherapie.

Aromatherapie verwendet Gerüche, um bestimmte Stimmungen bei Menschen zu erzeugen. Zum Beispiel macht Zitrone glücklich und optimistisch, Lavendel beruhigt und tröstet.

Menschen, die an Depressionen leiden, kann der Geruch von Zitronenkerzen oder –öl weniger depressiv machen und die Stimmung aufhellen. Insofern ist Aromatherapie eine Selbsthilfe.

Am besten beginnen Sie mit einer einfachen Seite, die erklärt, was Aromatherapie ist. Dann geben Sie einige Beispiele, wie diese Art der Selbsthilfe für Durchschnittspersonen wirkt. Bringen Sie Beispiele, wie mit welchen Gerüchen die Besucher Ihrer Site sich selbst helfen können. Auf diese Weise helfen Sie ihnen und geben gute Ratschläge.

Sie könnten einen Geruch pro Woche neu vorstellen und vertiefen, anstatt auf der Hauptseite nur eine kurze Erklärung zu geben. Das könnte Ihre Besucher anlocken, öfter auf Ihre Website zurückzukommen, da sie neugierig auf die nächsten Informationen sind. Sie müssen es auch möglich machen, dass der jeweilige Geruch gekauft werden kann und erklären, wie er benutzt wird.

Sie können dem Besucher den Geruch etwa als Seife, Shower Gel, Kerze oder Öl anbieten. Sie könnten erklären, wie der Kunde das Produkt z.B. als Öl im Bad gegen Angstzustände anwendet.

Man kann auch das Öl in einer Öllampe verbrennen, um der ganzen Wohnung einen aufbauenden Geruch zu geben, was einen wieder aufbaut, wenn man müde von der Arbeit kommt.

Mit solch praktischen Tipps veranschaulichen Sie, wie man sich bei Problemen selbst helfen kann. Entsprechende Produkte sollten Sie auf Ihrer Seite anbieten.

Werden Sie ganz einfach Partner eines Unternehmens, das Aromatherapie-Produkte anbietet.

Jedes Mal, wenn ein Kunde von Ihnen auf eine Seite weitergeleitet wird und dort Aromatherapie-Produkte bestellt, bekommen Sie eine Provision.

Dies ist eine wunderbare Methode, Ihren Besuchern die Informationen zu geben, die sie brauchen und sie dann direkt zu den Produkten selbst zu führen, so dass sie kaufen können, um die Ratschläge umzusetzen.

Das bringt Ihnen Geld in die Tasche, was ja auch der Zweck dieser Nische ist.

Sie sollten der Selbsthilfenische auch einen Blog hinzufügen. Das hilft Ihrer Keyword Optimierung und schickt mehr Besucher auf Ihre Website.

Ein Selbsthilfe Blog kann einfach über jedes Selbsthilfe Thema schreiben. Wenn Sie kein Talent zum Schreiben haben, können Sie jemand engagieren. Das kostet nicht viel, aber ist ein starker Pluspunkt für jede Website.

Es gibt zahlreiche Produkte und digitale Informationsprodukte, die Sie anbieten können.

Wenn Sie beabsichtigen, in die Selbsthilfe-Nische zu gehen, sollten Sie sich als Affiliate auf folgenden Plattformen umsehen:

- Comission Junction
  www.cj.com
- Linkshare
  www.linkshare.com
- Share-A-Sale
  www.shareasale.com
- Clickbank
  www.clickbank.com
- Adbutler
  www.adbutler.de

- Affilinet
  www.affili.net
- Zanox
  www.zanox.de

DIY: Do-It-Yourself Nische

Viele Menschen machen Heimwerken, um Ihr Haus und Leben zu verbessern. Viele können sich so manchen Luxus nicht leisten, aber indem sie Dinge in Eigenregie erstellen, leben Sie besser als zuvor.

Es gibt viele Arten von Do-it-yourself Projekten, die es jemand ermöglichen, etwas wiederherzustellen, das sonst verloren wäre. Oder man fügt etwas hinzu, um das Heim besser aussehen zu lassen bzw. um mehr Komfort zu genießen.

Wenn Sie Ihre Do-it-yourself Nische starten, sollten Sie wieder eine Thematik nehmen, die noch nicht überbelegt ist. Es sollte etwas sein, mit dem Sie vertraut sind.

Wenn es um ein DIY-Thema geht, das Sie sehr gut beherrschen, sollten Sie Demonstrations-Videos erstellen, um mehr Besucher auf Ihre Website zu bekommen. Wenn Sie die Video Suchbegriffe optimieren, so dass sie mit denen Ihrer Website übereinstimmen, können Sie die Hits verdoppeln. In diesem folgenden Beispiel nehmen wir das Anstreichen Ihrer Wohnung als Nischen Thema.

Sie könnten damit beginnen, wie man die geeigneten Farben wählt. Manche mögen zwar lila und grün, aber bestimmte Farbtöne sind nicht unbedingt geeignet für ein angenehmes Raumdekor.

Sie könnten Farbkombinationen aufzeigen, die zusammenpassen, damit Besucher eine Vorstellung davon bekommen, was gut aussieht und welche Farben sich „beißen".

Sie sollten möglichst auch Zimmer mit diesen Farben zeigen. Nachdem Ihre Besucher entschieden haben, welche Farbkombinationen gut aussehen in deren Wohnung, müssen Sie noch wissen, wie man ein Zimmer fachmännisch streicht. Also beschreiben Sie, wie man ordentlich abklebt, so dass die Farbe nicht auf Stellen aufgetragen wird, wo sie nicht sein soll.

Sie können auch zeigen, wie man den Fußboden mit einer Plane vor Farbspritzern und –tropfen schützt. Wenn Sie mit den Vorbereitungsarbeiten durch sind, erklären Sie, wie man die Vorstreichfarbe aufträgt, bevor die Deckfarbe gestrichen wird.

Sie müssen auch detaillierte Instruktionen geben, wie das Streichen genau auszuführen ist. Viele Leute wissen das nicht.

Nachdem Sie die Grundkenntnisse des Zimmerstreichens vermittelt haben, werden Sie vielleicht auch vormachen, wie man bestimmte Muster und Strukturen erzeugt. Das sind Dinge, die sehr teuer kommen, wenn man einen richtigen Maler damit beauftragt. Mit solchen Informationen helfen Sie Ihren Besuchern, eine Menge Geld zu sparen und sie werden sehr zufrieden mit Ihnen sein.

Sie gewinnen dadurch rückkehrende Besucher, da sie mehr erfahren wollen über andere Projekte, die Sie sonst noch anbieten.

Die "Organisiere Dein Leben" Nische

In unserem Leben gibt es viele Bereiche, die der Organisation bedürfen.

Wenn Sie dieses Bedürfnis ansprechen, erhalten Sie fast automatisch viel Aufmerksamkeit.

Manche Menschen haben Probleme mit Ihrem Zeitmanagement oder Verabredungen zu treffen, andere müssen Ordnung in das Wirrwarr Ihres Heims bekommen.

Was auch immer die Organisations-Bedürfnisse sein mögen, es gibt eine Nische dafür.

Wegen der derzeitigen wirtschaftlichen Lage entscheiden sich viele für eine kleinere, erschwinglichere Wohnung (respektive Haus). Andere Menschen brauchen Hilfe bei der Organisation ihres Lebens.

Es kann zum Beispiel schwierig sein, alles, was einmal in einen großen begehbaren Schrank passte, nun in einem kleineren Schrank unterzubringen. Diesen Leuten zeigen Sie, wie man einen kleineren Raum gut organisiert, so dass er mehr Gegenstände aufnehmen kann.

Um beim Beispiel Schrank zu bleiben, können Sie zeigen, wie Ablagen, die an Schranktüren aufgehängt werden, Platz sparen am Schrankboden, der wiederum besser organisiert genutzt wird. Kleiderbügel, auf die man mehr als ein Kleidungsstück hängen kann, ist ein weiteres Beispiel, wie an mehr Platz gewinnt.

Jede Woche können Sie ein neues Gerät zum Platzsparen oder zur besseren Organisation im Haushalt vorstellen, so dass Ihre Besucher wieder auf die Seite zurückkommen. Diese Produktvorstellungen können auch durch eine Artikelserie oder durch einen Newsletter präsentiert werden, was Ihnen hilft, eine Emailadressliste aufzubauen, die Sie immer wieder nachbewerben können.

Nischen Fokus Technische Nischen

Eine technische Nische mag zwar nicht so populär wie andere Nischen sein, aber sie ist immer noch ein wichtiger Teil der Nischenstrategie.

Eine Techniknische kann sich befassen mit HTML-Programmierung oder Computerreparatur und vieles mehr. Alles, was mit irgendwie mit Computer zu tun hat, kann als technische Nische betrachtet werden.

Das ist eine gute Nische, mit der man sich befassen kann, weil es nicht so viele Konkurrenzseiten gibt, da eine hohe Spezialisierung erforderlich ist.

Diejenigen, die nicht so die technischen Fähigkeiten haben, können sich mit einem Partner zusammen tun und eine Computertechnik-Nische starten. Für dieses Beispiel nehmen wir das Aufrüsten von Desktop Computern.

Da die technologische Entwicklung von Computern sehr rasant ist, versuchen viele durch Upgrading ihrer PCs Geld zu sparen, statt neue Geräte zu kaufen. Das spart zwar viel Geld, aber es ist immer noch teuer, den Computer in einen Laden zu bringen, um ihn nachrüsten zu lassen.

Am meisten spart man, wenn man die Upgrades selbst durchführt. Mit dem Anbieten einer Anleitung, wie man Computer aufrüstet, haben Sie eine Nische im Technikbereich.

Sie können mit einfachen Upgrades beginnen wie z.B. mehr Arbeitsspeicher RAM zu installieren. RAM ist notwendig, damit alle Programme laufen und kontrolliert die Geschwindigkeit der Arbeitsabläufe.

Durch das Upgraden eines RAM Chips oder das Installieren von mehr RAM verlängern Ihre Besucher die Lebensdauer ihres Computers. Sie können zum Anfang Artikel über verschiedene Computerthemen schreiben und Ihre Website dazu nutzen, den Leuten beizubringen, wie man verschiedene Dinge einschließlich Computer Upgrading selbst macht, welches ein recht einfacher Prozess ist und selbst von Neulingen ausgeführt werden kann.

Zunächst müssen Sie Ihre Besucher wissen lassen, dass sie immer sicherstellen, dass sie geerdet sind und dass sie keine magnetischen Schraubenzieher verwenden, wenn Arbeiten im Inneren des PC verrichtet werden. Natürlich muss auch der Netzstecker gezogen sein und alle peripheren Geräte dürfen nicht mehr mit dem Computer verbunden sein.

Geben Sie Ihre Informationen per Video, während Sie Ihren Computer öffnen. Als Vorlage können Sie Ihr Artikel-Skript verwenden.

Sobald der Computer geöffnet ist, zeigen Sie, wo sich der RAM Chip befindet und fügen entweder einen weiteren Chip hinzu oder ersetzen ihn gegen einen, der mehr Speicherkapazität hat.

Sie können Bilder von verschiedenartigen RAMs zeigen, so dass Ihre Lehrlinge ihr RAM wiedererkennen. Auf diese Weise wissen sie schon, bevor sie zum Computerladen gehen, welchen Typ RAM sie brauchen.

Lassen Sie Ihre Besucher auch wissen, wie viel RAM Standard ist oder wie viel RAM sie haben sollten, um für die nächste Zeit vorgesorgt zu haben.

All dies kann schriftlich in Fachartikeln erklärt werden, die Sie an Artikel-Verzeichnisse versenden oder per Videos demonstriert werden, die Sie auf Plattformen wie YouTube hochladen. Das macht Sie zu einem Experten auf diesem Gebiet, macht Ihnen einen Namen in der Nische auf und bringt Ihnen Traffic von Leuten, die auf Ihre Website klicken, nachdem sie Ihr Video gesehen haben.

Ein weiteres Upgrading eines Computers ist das Hinzufügen einer anderen Festplatte, so dass mehr Speicherplatz vorhanden ist.

Viele der heutigen Programme brauchen viel Speicherplatz, aber ältere PCs haben diesen oft nicht.

Durch eine weitere Hard Drive können Ihre Besucher mehr dieser Programme downloaden, ohne Angst haben zu müssen, wertvollen Speicherplatz zu verlieren.

Viele brauchen auch zusätzlichen Platz für Musik- und Film-Dateien.

Eine zusätzliche Festplatte hinzuzufügen, ist ganz einfach. Man steckt das Teil einfach in den vorgesehenen Drive Slot und verbindet es mit dem Motherboard und Netzanschluss. Bios erkennt beim Hochfahren automatisch die neue Festplatte.

Sie sollten auf Ihrem Blog und/oder auf Ihrer Artikelrubrik Ihrer Website die verschiedenen Marken von Festplatten vorstellen, damit Ihre Besucher eine gute Vorstellung von Aussehen und Größe haben, bevor sie Festplatten kaufen.

Ein weiteres Upgrade, das auf Video aufgezeichnet und bei YouTube gepostet werden kann, ist das Auswechseln einer Video Card (Grafikkarte). Fast jeder muss sie früher oder später austauschen.

Mit den richtigen Keywords könnte das eine virale Verbreitung finden und zahllose Besucher bringen. Die Graphikkarte ist verantwortlich für alle Graphiken auf Ihrem PC.

Ihre Besucher möchten z.B. Spiele mit viel hochauflösender Grafik spielen, wozu alte Geräte überhaupt nicht in der Lage sind.

Der Aus- und Einbau einer Video Card ist sehr einfach. Man muss nur die alte Karte herausziehen und die neue in denselben Schlitz stecken.

Viele User, die sich technisch nicht auskennen, wissen das überhaupt nicht und werden Ihre Nische zu schätzen wissen.

Nischen Fokus Religiöse Nische

Die religiöse Nische ist die obskurste Nische von allen.

Es gibt viele unterschiedliche Religionen mit Websites, die sich ihnen widmen. Manche haben sogar ihre eigene neue Religion gegründet und eine Nische dazu eingerichtet.

Auch wenn sie keine großen Money Maker sind, so bekommen sie doch eine gewisse Aufmerksamkeit. Eine religiöse Nische, die mehr Gemeinplatz ist, ist geeigneter, Geld zu verdienen. Und Geld kann durchaus auch in religiösen Nischen gemacht werden!

Viele Menschen in diesen modernen Zeiten wenden sich wieder mehr der Spiritualität zu, wo sie sich Hilfe erhoffen, besser durch diese schweren und komplizierten Zeiten zu kommen. Das trifft auch auf jene zu, die etwas suchen, das die Leere ausfüllt, die der Mangel an Moral und Werten entstehen ließ.

Was auch immer Ihre religiöse Anschauung ist, Sie können eine Nische dafür finden.

Wenn Sie Christ sind, können Sie eine Predigt pro Woche schreiben, damit Ihre Besucher regelmäßig auf Ihre Seite zurückkommen.

Andere Konfessionen können ihre religiösen Texte und Gedanken für wöchentliche Übungen zur Heilung oder Meditation verwenden.

Was auch immer Ihrem Glauben entspricht, kann gebloggt werden oder es können Artikel dazu geschrieben werden.

Diese Veröffentlichungen erzeugen auch Besuche auf Ihrer Nischenseite.

Um Geld zu verdienen, können Sie religiöse Gegenstände oder Literatur verkaufen.

Christen mögen vielleicht eine personalisierte Bibel kaufen wollen, ein Buddhist einen Schrein oder Buddha usw.

Andere haben vielleicht Interesse an Kristallen oder Zauberstäben. Was auch immer der Glaube ist, es gibt Kultgegenstände, die gekauft werden.

Es kann auch Gebrauchsartikel geben, die zur Religionsausübung benötigt werden.

Sie können sogar T-Shirts anbieten, die eine Botschaft vermitteln; Menschen, die die gleiche Spiritualität teilen, werden sie kaufen, um ihren Stolz auf die eigene Religion zum Ausdruck zu bringen.

Sie können auch ein Forum ins Leben rufen, das die Kommunikation zwischen Ihren Besuchern fördert, um offene Diskussionen bezüglich des Glaubens zu führen.

Das wird auch Ihre Keyword suche optimieren, da Menschen nach Foren mit Ihrer Religion suchen und das wird wiederum zu Besuchen auf Ihrer Website führen.

Auch von Ihrer Hauptseite sollten Sie auf das Forum verlinken.

Ein Forum ist eine hervorragende Möglichkeit, Interesse an Ihrer Religionsseite zu erzeugen.

Die meisten Leute bringen es im Internet Marketing oder Partnerprogramm Marketing zu nichts, weil sie nicht eine einzige Methode anwenden und vervollkommnen, bevor sie zur nächsten übergehen.

Jedes Mal, wenn ein Guru eine Email verschickt mit einem neuen Produkt oder neuen Tipps, mehr Verkäufe zu erzielen, dann verlieren sie ihren Fokus und probieren es aus. Das wahre Geheimnis im Affiliate Marketing ist aber...

KONZENTRATION!

Sie sind zur rechten Zeit am rechten Ort! Ich halte Internet Marketing als eine der besten Geschäftsmöglichkeiten, die es gibt. Mit dem Fortschritt der Technologie und mit der Weltwirtschaftskrise scheint Internet Marketing die beste Lösung zu sein, ein Einkommen zu erzielen.

Milliarden Dollar werden im Internet ausgegeben und das nimmt Jahr für Jahr zu, da immer mehr Leute online gehen. Internet Marketer werden diejenigen sein, die das große Geld verdienen.

Das klingt alles gut, stimmt's? Einfach jeder kann anfangen, online Geld zu machen, aber nur wenige machen daraus ein gut gehendes Geschäft.

Ich denke, einer der Gründe, warum das so ist, liegt in der Tatsache, dass es eine Menge Schnell-reich-werden-Angebote gibt, die aber nicht halten, was sie versprechen und nur ein gemolkenes Konto zurücklassen.

Ich werde Ihnen beibringen, was Sie im Affiliate Marketing brauchen! Den einzelnen Schritten zu folgen, ist der Erfolgsweg.

Ich werde Ihnen die praxiserprobten Methoden offen legen, um ein hochbezahlter Super-Affiliate zu werden; kein Unfug, keine kurzfristigen Techniken.

ACTION (TUN)

Tun ist mit Abstand das Wichtigste, das Sie machen MÜSSEN, um Erfolg zu haben.

Ohne Ihr Handeln kommt es zu keinen Ergebnissen für Veränderung und Optimierung.

Ich glaube, der Hauptgrund, warum Menschen nichts tun, ist Angst: Angst, Geld zu verlieren Angst zu scheitern, Angst vor dem Erfolg (ja, manche Leute fürchten sich, erfolgreich zu sein)

Denken Sie immer daran: Nichts geschieht, wenn man nicht den ersten Schritt tut! TUN, TUN, TUN! Wenn Sie auch sonst nichts lernen aus diesem Kurs, so doch wenigstens zu handeln.

RESULTS (ERGEBNISSE)

Nun, da Sie aktiv geworden sind, beginnen Sie, Resultate zu sehen, oder auch nicht, wenn Sie nicht viel getan haben. Es ist, wie wenn man ein Experiment durchführt; Sie wollen Daten sammeln, also optimieren Sie es in Ihrem Sinn.

Sobald Sie ein Projekt am Laufen haben, aber nicht die Ergebnisse erzielen, die Sie sich wünschen, machen Sie eine Analyse und nehmen die notwendigen Anpassungen vor, um die Resultate zu erhalten, die Sie wollen.

Wenn Sie das mehrere Male getan haben, wird Ihr Geschäft wie eine gut geölte Maschine laufen!

ACHIEVEMENT (ERREICHEN)

Dies ist, was Sie natürlicherweise bekommen, nachdem Sie aktiv geworden sind, Resultate erzielt und sie dann bis zur Perfektion optimiert haben.

All dies mag sich sehr selbstverständlich anhören, aber ich lernte es durch die

Methode Versuch und Irrtum.

Wenn Sie dem Prozess wirklich Schritt für Schritt folgen, werden Sie großartige

Resultate erzielen!

CONFIDENCE & SUCCESS (ZUVERSICHT & ERFOLG)

Damit erreichen Sie wirklich den Meilenstein.

Kein negatives Denken, keine Zweifel mehr, Sie haben es wirklich geschafft!

Nehmen Sie diese neu gefundene Zuversicht und Erfolgserlebnis und übertragen Sie sie in ein neues Projekt und andere Dinge in Ihrem Leben.

Wenn das passiert, dann ist buchstäblich der Himmel die Grenze!

Wenn Sie in der Lage sind, dem praxiserprobten Vorbild zu folgen und Dinge zum Laufen bringen, werden Sie erreichen, was Sie sich als Ziel gesetzt haben.

So, lassen Sie uns nun an die Sache rangehen und einige hübsche Affiliate-Schecks generieren!

Profitable Produkte wählen

Alles beginnt damit, ein gewinnversprechendes Produkt zu finden.

Denn wenn Sie etwas wählen, an dem es nicht viel zu verdienen gibt, oder das geringe Umwandlungsraten aufweist, dann machen Sie nicht genug Gewinn oder verlieren sogar Geld und verschwenden wertvolle Zeit.

Da wir weder Zeit noch Geld verlieren wollen, will ich die drei Methoden vorstellen, profitable Produkte zu finden, die Sie als Affiliate bewerben können. Ich empfehle, dass Sie eine der drei Methoden wählen und bearbeiten, bis Sie Ihren ersten Provisionsscheck in der Hand haben.

Auf diese Weise bleiben Sie konzentriert und können ein Projekt erfolgreich beenden.

Guru Launches

Sicherlich bekommen Sie fast jeden Tag Emails von Leuten, die ein neues Produkt vorstellen. Dieses kleine glänzende Ding, das sein eigenes Geld macht. Die Wahrheit ist, dass diese Menschen, die die Informationen verkaufen, das meiste Geld machen.

Selbst wenn Sie keine große Emailliste oder Kontakte im Internet Marketingbereich haben, können Sie einen Teil des Erfolges für sich abzweigen, wenn diese Anbieter ihre neuen Produkte herausbringen.

So habe auch ich angefangen und dann habe ich das erste Kapital in weitere Affiliate Projekte gesteckt. Es ist ein recht einfacher Weg, schnell Cash zu machen, aber es ist auch eine ganze Menge Arbeit.

So, lassen Sie uns sehen, wie man das Ganze anfängt. Ich erkläre die Methode

Schritt für Schritt, damit es einfacher für Sie umzusetzen ist.

Registrieren Sie sich zum Beispiel bei nachfolgendem Anbieter, von dem Sie Nachrichten über neue Produktstarts erhalten:

http://www.jvnotifypro.com/community/index.php?action
=register

Ich bekomme Benachrichtigungen von Neuvorstellungen fast jeden Tag, wobei man genug Zeit hat, vor dem offiziellen Start eine Affiliate Landing Page und Kampagne zu erstellen.

Als nächstes sollten Sie einen Domainnamen registrieren.

Sie fragen sich vielleicht, warum Sie eine Domain kaufen sollten?

Der Grund ist, dass Sie dadurch volle Kontrolle über Ihre Website haben.

Wenn Sie dagegen einen Blog auf Wordpress oder Blogger haben, besteht theoretisch die Gefahr, dass Ihre Seite jederzeit geschlossen werden kann und Sie das noch nicht einmal mitbekommen.

Alle Ihre Anstrengungen sind dann durch den Schornstein. Kann passieren, muss aber nicht. Sie sollten eine Domain wählen, die ähnlich zu dem Produkt ist, das neu herauskommt und zwar wegen der Relevanz und für die Suchmaschinen.

Hier ein Beispiel: Ich erhielt Kenntnis, dass ein bekannter Marketer plante, ein neues Produkt in zwei Wochen zu publizieren. Der Titel des Produktes lautete „Affiliate Funnel System".

Also registrierte ich die Domain iAffiliateFunnelSystem.com – wie Sie sehen können, war der einzige Unterschied das „i" am Anfang der Domain.

Auf diese Weise haben Menschen und Suchmaschinen keinen Zweifel, dass meine Website diesen Produkt-Kampagnen-Start betraf.

Nachdem Sie sich ein Produkt ausgesucht haben, das Sie bewerben möchten und einen Domainnamen gekauft haben, der dazu Bezug hat, ist es an der Zeit, Ihre Website zu erstellen, auch Landing Page oder Money Page genannt.

Dorthin schicken Sie all Ihre Besucher und bieten vielleicht zusätzlich einen oder einige Boni, um sie zu veranlassen, das Produkt über Ihren Link zu kaufen.

Es gibt zwei Möglichkeiten, dies zu tun.

Die eine ist, eine einfache HTML Website mit Pre Sell Website Verkaufsbrief zu erstellen. Ich übergehe hier, wie man Anzeigen- und Verkaufstexte schreibt. Das wird später behandelt.

Um eine einfache HTML Seite zu erstellen, die gut aussieht, könnten Sie Templates verwenden.

Beispielsweise gibt es auf www.nicelydonetemplates.com ganz nette Vorlagen, die für nur 12 $ haben können, und die Sie gegebenenfalls mit Photoshop nach eigenem Geschmack verändern können.

Viele weitere Anbieter finden Sie über Ihre Suchmaschine.

Ich kreiere normalerweise HTML Seiten und verwende einen Verkaufsbrief, weil das schnell und einfach geht. Auf diese Weise kann ich meine Angebote quasi ohne Schweißausbrüche bewerben.

Die andere Methode ist, einen Wordpress Blog auf Ihrer Domain einzurichten und ein paar Posts zu schreiben, die das Produkt und den Produktstart betreffen.

Okay, nachdem alle Vorarbeiten getan sind und Ihre Landing Page eingerichtet ist, müssen Sie Besucher dorthin schicken.

Ich erkläre später, wie man eine AdWords Anzeigenkampagne erstellt und wie man kostenlosen Traffic generiert, damit Sie in keinem Punkt im Dunkeln bleiben.

Mit der Vier-Stufen-Formel kann man praktisch jedes Affiliate-Produkt bewerben.

Die beiden nächsten Methoden davon beinhaltet ein wenig Recherchearbeit, aber die

Belohnung und der Return on Investment sind ungewöhnlich hoch!

Top Performer

Mit dieser Methode finde ich die top Produkte heraus und kann erkennen, ob sie Gewinn bringen oder nicht.

Wenn auch Sie diese Schritt-für-Schritt-Formel benutzen, fallen Sie nicht auf unprofitable Partnerprogramme herein.

Gehen Sie dazu auf Clickbank und schauen Sie, was auf dem sog. Marketplace (Marktplatz) verkauft wird. Wählen Sie eine Kategorie aus und schauen Sie sich die Suchergebnisse näher an. Haben Sie insbesondere ein Augenmerk auf Produkte mit einer „Gravity" von 100 oder höher.

Dieser Wert zeigt an, dass sich das Produkt verkauft und dass Sie nicht der erste sind, der es testet, um zu sehen, ob es profitabel ist oder nicht.

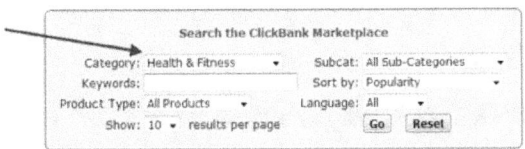

Wie Sie sehen, habe ich die Kategorie „Health and Fitness" ausgewählt, wo sehr viele Resultate angezeigt werden. Sie sollten sich auf Produkte konzentrieren, die einen Gratity-Wert von über 100 haben.

Lassen Sie aber auch die Finger von Werten über 400, denn das bedeutet, dass es hier eine ganze Menge Mitbewerber gibt.

Ein anderer guter Weg, die besten Akteure herauszufinden, ist der Service von www.CBengine.com.

Hier erhalten Sie eine Menge Daten über neue Produkte, die bei Clickbank eingestellt wurden, vor allem erfahren Sie die Tops und Flops.

Nachfolgend ein Screenshot, der zeigt, wie die Seite aussieht.

Holen Sie sich hier Informationen zu Ihrem Vorteil und recherchieren Sie profitable Produkte, bevor es Ihre Konkurrenz tut.

Jetzt ist es Zeit für die "Produkt Profit Formel", womit Sie gewinnversprechende Produkte genau identifizieren können.

Ohne diese Formel verschwenden Sie eine ganze Menge Zeit und Energie durch Produkte, die Ihnen kein Einkommen bringen, was umso wichtiger ist, wenn Sie Google AdWords nutzen, um Besucher auf Ihre Seite zu bringen.

Wenn Sie Produkte über AdWords bewerben, müssen Sie ja immer die Anzeigenkosten im Auge behalten, die deutlich unter dem liegen müssen, was Sie an Affiliateprovisionen verdienen.

Zu diesem Zweck müssen Sie die Auszahlung des zu bewerbenden Produktes betrachten (im obigen Beispiel „S/sale"). Bei "No Nonsense Muscle Building" beträgt der Payout $80,31 oder 73%, was wirklich gut ist.

Stellen Sie sich das einmal vor: 80 Dollar für ein Produkt, das Sie nicht einmal selbst kreiert haben.

So etwas brauchen Sie, wenn Sie mit AdWords arbeiten.

Das bedeutet für Ihre AdWords-Anzeigenkosten, Sie können 80 Cent pro Click ausgeben, und sind immer noch Break Even, wenn Sie eine Bestellung pro Hundert Klicks haben!

In den meisten Fällen werden Sie aber nicht so viel in der Muskelaufbau-Nische bezahlen müssen, sondern zirka die Hälfte.

Die Formel ist also ziemlich simpel.

Hier noch einmal eine Kurzzusammenfassung:

- Finden Sie ein Produkt im Clickbank Marketplace oder durch CBengine.com, das eine „Gravity" von über 100 hat.
- Als nächstes sollte das Produkt eine Auszahlung von über 30$ haben, um sicherzugehen, dass Sie einen Profit haben, wenn Sie mit AdWords arbeiten.
- Teilen Sie die Auszahlungssumme durch 100 und Sie erhalten den maximalen Klickpreis.
- Wenn Sie diese drei Schritte getan haben, sollten Sie ein gutes Partnerprogramm-Produkt gefunden haben. Das ist die "Product Profit Formula".

Keyword Sniping

Ich weiß, dass die meisten von Ihnen Angst vor dem AdWords Biest haben. Deswegen stelle ich auch meine Keyword Sniping Methode vor, denn Sie können auch ein Super-Affiliate werden, indem Sie tonnenweise kostenlosen Traffic generieren!

Keyword Sniping ist eine einzigartige Methode, die ich gerade begonnen habe anzuwenden.

Wenn Sie einmal damit begonnen haben, Keyword Recherche auf die Weise zu tun, wie ich es Ihnen zeige, dann haben Sie das Gefühl, dass Ihnen das Internet gehört, weil Sie mit bestimmten Keywords hoch platziert sind und jede Menge Besucher bekommen, wovon die Mitbewerber keine Ahnung haben.

Das Prinzip bei Keyword Sniping ist, dass man zuerst ein Keyword mit geringer Wettbewerberdichte findet. Dann suchen Sie ein dazu passendes Produkt.

Anschließend verästeln Sie das Grund-Keyword in noch relevantere Keywords oder Keyword-Phrasen, die noch weniger Mitbewerber haben, aber genau so viel Traffic.

Nutzen Sie meine SEO Keyword Suche in Verbindung mit den Gratis-Traffic- Methoden, wie sie in diesem Ebook vorgestellt werden, um mit Leichtigkeit Affiliate Provisionen zu erzielen!

Das Beste daran ist, dass Sie die Besucher total kostenlos bekommen; das erzeugt Gewinne so lange, wie die Site online ist.

Kugelsichere Keyword Recherche

Keyword Recherchen, oder sollte ich besser sagen: gute Keyword Recherchen, sind sozusagen die Vitamine jeder guten Online-Kampagne.

Alle Verkäufe im Internet beginnen mit einem Keyword. Aber das Wissen um die richtigen Keywords macht aus Usern Käufern.

Nicht alle Keywords sind gleich gut, weil ein Keyword die Absichten einer Person beschreibt.

Ich werde erklären, wie Keywordsuche für die Suchmaschinen-Optimierung (SEO) und dem daraus folgenden ganzen guten Gratis-Traffic funktioniert.

Und auch wie man sie für Pay-per-Click Marketing für sehr schnellen Traffic einsetzen kann.

SEO Keyword Suche

So finde ich diese Nischen-Keywords:

Der Prozess funktioniert 100%-ig! Vielleicht klingt alles am Anfang ein wenig verwirrend, aber es ist eine prima Sache.

Lesen Sie die Abschnitte mehrmals durch, wenn Sie nicht gleich alles verstehen. Es sind nämlich 14 Schritte.

Verwenden Sie das Google Keyword Tool, um Keywords für SEO zu suchen.

Da Google den meisten Traffic aller Suchmaschinen bekommt, arbeitet das Tool sehr akkurat und aussagekräftig.

Geben Sie Ihr Haupt-Keyword ein wie ich in meinem Beispiel mit "guitar lessons". Sie erhalten nun ca. 200 verwandte Keywords angezeigt.

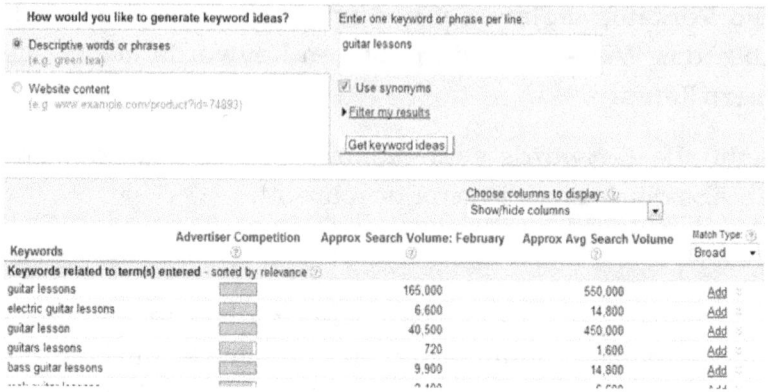

Sie können alle oder nur eine markierte Auswahl an Keywords extrahieren.

Nun machen Sie eine Suchanfrage bei Google, um Mitbewerber zu finden, die für Anzeigen mit diesem Keyword bezahlen.

Wir machen dies, um eine noch größere Keyword-Liste zu bekommen.

Gehen Sie also auf www.google.com (www.google.de) und geben Sie guitar lessons (Gitarren Lektionen) ohne Anführungszeichen ein.

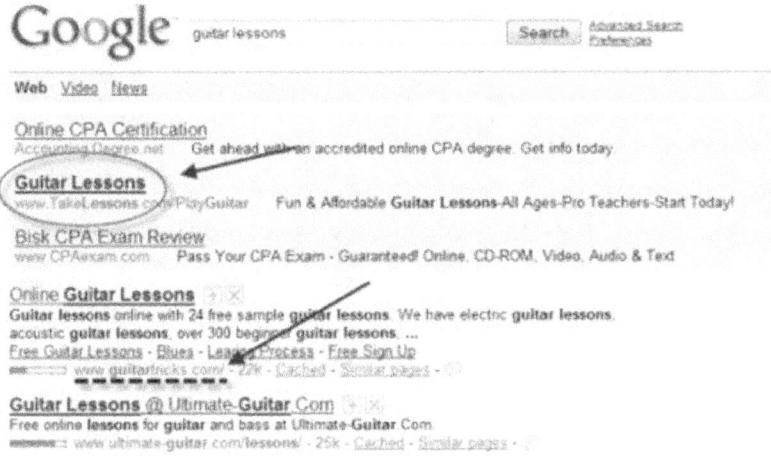

Ich würde dann diese URLs kopieren und sie in das entsprechende Eintragungsfeld im Google Keyword Tool eingeben, um alle Keywords zu sehen, für die sie optimiert sind.

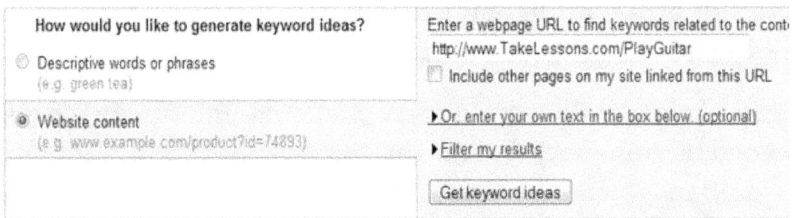

Machen Sie das für jede einzelne URL, die Sie mit Bezug auf "guitar lessons" finden. Auf diese Weise bauen Sie sich eine schöne Keyword-Liste auf, die sich mit dem Thema Gitarre lernen befasst.

Als nächstes müssen Sie sie als Text-Datei wie nachfolgend veranschaulicht exportieren:

Nach dem Export lassen Sie die Text-Datei vorläufig geöffnet. Loggen Sie sich in Ihren Google AdWords Account ein.

Falls Sie noch kein Adwords-Konto haben, sollte Sie sofort eines eröffnen! Besuchen Sie dazu einfach die Registrierungsseite: signup page.

Im nächsten Schritt loggen Sie sich in Ihr AdWords Account ein und gehen zu dem Link „Tools" in der Toolbar.

Dort klicken Sie dann auf "Traffic Estimator". Oder klicken Sie ganz einfach hier auf:

https://adwords.google.com/select/TrafficEstimatorSandbox

Geben Sie nun alle Keywords aus der Text-Datei ein, die Sie zuvor vom Google Keyword Tool runtergeladen haben.

Sie müssen auch angeben, aus welchen Ländern Sie Traffic erhalten möchten. Danach Klick auf „Continue" („Weiter").

Jetzt gibt Ihnen der "Traffic Estimator" eine Menge Daten, aber wir sind zu diesem Zeitpunkt noch NICHT daran interessiert.

Klicken Sie jetzt vielmehr auf "Download as .csv", was zu einer Notepad-Datei führt. Kümmern Sie sich nicht darum, wie sie aussieht, sondern kopieren Sie den gesamten Inhalt.

Der Content Ihrer Notepad Datei sollte wie folgt aussehen:

```
estimates.csv-2.txt - Notepad
File  Edit  Format  View  Help
Keywords        Max CPC Search Volume   Estimated Avg. CPC
Estimated Ad Positions          Estimated Clicks / Day          Estimated
Cost / Day                              lower   upper   upper   lower
lower   upper   lower   upperacoustic guitars   $8.27   3       $1.12
$1.42   1       3       207     244     $240.00 $350.00adult piano lessons
$8.27   1       $1.58   $1.98   1       3       3       4       $6.00
$9.00ballet dance studio             $8.27   1       $0.61   $0.77   1       3
0       1       $1.00   $1.00bass guitar lessons             $8.27   2
$1.17   $1.76   1       3       9       11      $20.00  $20.00bass lessons
$8.27   2       $1.04   $1.55   1       3       19      24      $30.00
$40.00beginner guitar lessons online $8.27   1       $1.26   $1.57   1
3       0       1       $1.00   $1.00best guitar lessons             $8.27   1
$1.35   $1.68   1       3       1       1       $2.00   $3.00buy acoustic
guitar  $8.27   1       $0.86   $1.13   1       3       3       3       3
$3.00   $4.00buy bass guitar $8.27   1       $0.75   $0.94   1       3
3       3       $3.00   $3.00buy guitar $8.27   2       $0.76   $1.03   1
3       59      72      $50.00  $80.00buy piano $8.27   2       $0.91
$1.18   1       3       23      29      $30.00  $40.00cello lessons
$8.27   1       $0.72   $0.90   1       3       3       4       $3.00
$4.00children piano  $8.27   2       $1.04   $1.30   1       3       12
15      $20.00  $20.00christian guitar lessons        $8.27   1       $1.62
$2.02   1       3       0       0       $1.00   $1.00compose music
$8.27   2       $0.66   $0.83   1       3       8       11      $6.00
$9.00cords guitar    $8.27   2       $0.49   $0.62   1       3       63
78      $40.00  $50.00country guitar lessons  $8.27   1       $1.16
$1.45   1       3       1       1       $1.00   $2.00course piano
$8.27   2       $0.76   $0.95   1       3       8       10      $7.00
$10.00dance lessons  $8.27   3       $0.70   $0.88   1       3       169
214     $120.00 $190.00digital piano  $8.27   3       $1.14   $1.46   1
3       140     177     $170.00 $260.00download guitar lesson  $8.27   1
$0.66   $0.83   1       1       1       $1.00   $1.00download
guitar lessons $8.27   1       $1.02   $1.28   1       3       1       1
$2.00   $2.00drum lessons   $8.27   2       $0.97   $1.21   1       2
```

Im nächsten Schritt müssen eine kostenlose Software downloaden, die sich "Keyword Corral" nennt.

Mit diesem Tool können Sie die Keywords analysieren, um zu sehen, welche eine geringe Mitbewerberdichte haben!

Nachdem Sie die Software runtergeladen haben, speichern Sie jede Notepad-Datei auf Ihrem Computer und benennen Sie sie so, dass Sie sich wieder erinnern können.

Als nächstes klicken Sie auf "Open source file" und wählen Sie die Notepad-Datei aus, die Sie von Googles Traffic Estimator gedownloaded haben; sie sollte die Bezeichnung „estimates.csv" tragen.

Wenn Sie das getan haben, werden alle Keywords aufgelistet, und nun können Sie eine Keyword-Gruppe auswählen und genau die Mitbewerberdichte ermitteln.

Halten Sie die CTRL-Taste (Strg-Taste) gedrückt und klicken Sie die Keywords an, deren Daten Sie wollen.

Oder Sie drücken CTRL+A, um alle zu markieren.

Nun klicken Sie auf "Get Competition" und Sie bekommen die Anzahl der Seiten angezeigt, die momentan in den Suchmaschinen auf das betreffende Keyword optimiert sind.

Jetzt haben Sie die Daten über Ihre Konkurrenz. Sortieren Sie nach der Dichte.

Alles unter 5.000 bedeutet, dass Sie sich hier gut platzieren können. Siehe nächste Grafik:

Estimated Clicks / Day Upper	Estimated Cost / Day Lower	Estimated Cost / Day Upper	Competition
384	$290.00	$440.00	636,000
558	$520.00	$680.00	338,000
29	$20.00	$30.00	22,500
15	$20.00	$30.00	18,000
6	$4.00	$7.00	9,320
5	$4.00	$8.00	6,300
7	$6.00	$20.00	5,900
3	$3.00	$5.00	5,760
1	$1.00	$2.00	3,690
3	$4.00	$6.00	3,420
1	$2.00	$3.00	2,820
1	$2.00	$2.00	1,980
0	$1.00	$1.00	1,280
1	$1.00	$2.00	1,020
1	$2.00	$2.00	885
1	$2.00	$3.00	766
0	$1.00	$1.00	351
0	$1.00	$1.00	345
0	$1.00	$1.00	310
0	$1.00	$1.00	177
0	$1.00	$1.00	174

Nächster Schritt:

Sie nehmen alle diese Keywords und geben sie ins Google Keyword Tool ein, um das Suchvolumen jedes einzelnen Suchbegriffes zu ermitteln.

Nehmen Sie nur Keywords mit einem Mitbewerber-Level von 5.000 oder weniger.

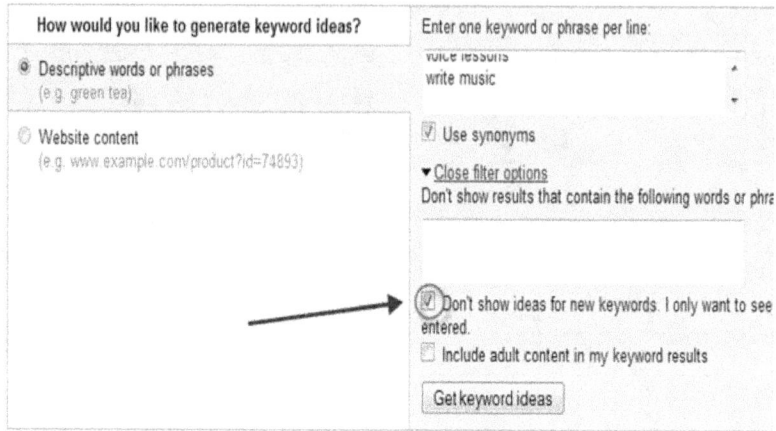

Schränken Sie die Keyword-Recherche ein, indem Sie wie im obigen Bild gezeigt ein Häkchen setzen bei "Don't show ideas for new keywords".

Sie bekommen nun angezeigt, wie viel Traffic diese Mitbewerber schwachen Keywords bekommen. Sortieren Sie sie anschließend nach der Traffic Menge und wählen Sie Top 5 oder mehr aus, wie hier gezeigt:

	Estimated Avg.	Advertiser	▼ Local Search	
Keywords	CPC ⑦	Competition ⑦	Volume: March ⑦	Se
Keywords related to term(s) entered - sort by relevance ⑦				
hip hop dance classes	$0.71		33,100	
guitar instructions	$1.24		14,800	
keyboard lesson	$2.45		12,100	
learn to play drums	$1.67		12,100	
piano by ear	$1.31		12,100	
piano for kids	$1.11		12,100	
guitar lessons for free	$1.34		9,900	
guitar player magazine	$1.87		9,900	
learn to play electric guitar	$1.03		9,900	
music instruction vocal	$1.01		9,900	

Calculate estimates using a different maximum CPC bid:
US Dollars (USD $)   Recalculate ⑦

Jetzt müssen Sie nur noch Links um diese Mitbewerber schwachen Keywords herum bilden, um ein gutes Ranking in den Suchmaschinen zu erhalten.

Ich hoffe, ich habe Sie mit dem oben Dargestellten nicht allzu sehr konfus gemacht, aber es ist genau die „Wissenschaft", die ich benutze, um in den Suchmaschinen innerhalb weniger Wochen hoch gelistet zu sein.

Um auch mit Ihren Keywords gut platziert zu werden, müssen Sie unbedingt Links, die diese Keywords enthalten, als so genannten Anchor Text erstellen. Anchor Text ist anklickbarer Text, der einen Leser auf Ihre Seite führt.

PPC Keyword Recherche

Keyword Suche ist das Herz jeder PPC-Kampagne (PPC = Pay Per Click), im Grunde jedes Online-Marketings.

Es ist absolut wichtig, dass Sie auf die richtigen Suchbegriffe zielen, solche, die Kunden entstehen lassen.

Keyword Recherche war früher eine sehr zeitaufwändige Aufgabe, doch durch die neue Technik ist das nicht mehr der Fall.

Ich werde alle top Keyword Research Tools auflisten und erklären, wie man sie benutzt, damit Sie Ihre Mitbewerber beherrschen.

Keywords sind sehr wichtig, sie können über Erfolg und Misserfolg einer PPC Kampagne entscheiden.

Die richtigen Keywords zu finden, kann sehr schwierig sein, muss es aber nicht.

Bevor Sie Ihre Suchbegriffe auswählen, sollten Sie zuerst Ihr Werbebudget festlegen. Nicht alle, die eine PPC Kampagne starten, haben das gleiche Kapital zur Verfügung. Nur große Firmen sind in der Lage, Tausende Dollar pro Tag für PPC Anzeigen aufzugeben.

Es ist deshalb unerlässlich, Ihre Online-Anzeigen intensiv zu beobachten und sicherzustellen, dass sie gut laufen.

Wenn Sie ein Einzelhandel sind oder eine kleine Firma haben, betreuen Sie wahrscheinlich Ihre Anzeigen selbst, weil Sie es sich nicht leisten können, eine auswärtige Agentur damit zu beauftragen.

Fast jeder managt Anzeigenkampagnen am Anfang selbst, weshalb man nach einer Automatisierung sucht.

Wie erwähnt, kostet es Sie Zeit, Ihre Keywords zu kontrollieren, aber es muss sein.

Eine Anzeigenagentur mag zwar nützlich sein, aber setzt ein Monatsbudget von mindestens 1.000 $ voraus und hat eine Gebühr von 15%.

Nicht viele Leute können sich das leisten.

Wenn Sie mit Keywords arbeiten, sollten Sie aufpassen, keine allgemeinen Phrasen zu verwenden. Diese sind meist zu weit gefasst und zu Ziel ungenau für Ihre Anzeigen.

Wenn Sie z.B. Terrassenmöbel verkaufen, werden viele User Phrasen wie Terrassen Möbel, Veranda Möbel usw. verwenden.

Es ist aber keine gute Idee, diese Allgemeinbegriffe zu verwenden, weil sie mehr kosten und weniger zielgerichtete Besucher bringen.

Auf PPC-Basis zu inserieren, kostet je nach Keyword, das Sie verwenden, unterschiedlich viel. Je mehr Mitbewerber es für ein Keyword gibt, desto teurer wird die Anzeige. Allgemeine Keywords haben noch einen Nachteil: Sie erzeugen mehr Klicks als normal.

Häufig klicken Leute ohne Kaufabsicht auf solche Links, und das bedeutet, dass die Chance gering ist, dass ein Verkauf zustande kommt.

Allgemein gehaltene Suchbegriffe mögen zwar viel Traffic erzeugen, aber nur wenige werden kaufen.

Wenn jemand genau weiß, was er sucht, dann verwendet er genauere Begriffe. Statt Terrassenmöbel gibt er z.B. Gusseisen-Tisch oder Hollywoodschaukel ein.

Diese Person weiß schon genau, wonach sie sucht und somit ist die Wahrscheinlichkeit eines Kaufes höher.

Sie sollte also die längeren, spezifischen Keywords nehmen. Sie sind profitabler.

Mitbewerber ausspionieren

Wenn Sie eine echte Abkürzung zu PPC-Erfolg wollen, dann bringt Ihnen das Ausspähen Ihrer Konkurrenten die gewünschten Resultate umso mehr.

So können auf deren erfolgreichen Kampagnenzug aufspringen. Mit den neuen Technologien wird dies Tag für Tag leichter.

Herauszufinden, welche Keywords konvertieren und welche Anzeige die beste ist, kann eine lange und entmutigende Arbeit sein, und in vielen Fällen sehr teuer dazu.

Wenn Sie aber Ihre Mitbewerber ausspähen, können Sie sich möglicherweise Tausende Dollar und mehrere Monate des Testens sparen.

Hiermit komme ich zu den besten „Spionage" Tools, die der Markt zu bieten hat.

KeyCompete

KeyCompete ist solch ein Beispiel.

Sie geben den Domainnamen ein und suchen die Keywords, die dort in Gebrauch sind. Oder Sie geben ein Keyword ein und können sehen, welche Websites sie benutzen. Außerdem zeigt das Tool an, wie gut bestimmte Keywords sind, wodurch sich Ihre Recherche erleichtert.

Mitbewerber auszuspähen, macht Ihren Job ein ganzes Stück leichter.

Wenn Sie auf www.keycompete.com gehen, sehen Sie eine Seite wie diese:

Discover the best keywords for your **search engine marketing** campaigns

KeyCompete is an online keyword research tool that identifies the keywords your competitors are using in their pay-per-click campaigns. KeyCompete also identifies the competition that is bidding on your keywords.

- 130+ million keywords and web sites
- No software to download
- Keyword search estimates
- Web site / Keyword ratings
- Web site and keyword tracking with "Watch Reports"
- Competiton Reports with keywords you may be missing out on
- Long Tail Reports for even more keywords
- ...and more

Geben Sie einen Domainnamen ein, um die verwendeten Keywords zu suchen. Oder geben Sie ein Keyword ein, um die Domains zu suchen, die es verwenden. Dann klicken Sie auf „Search".

Daraufhin erhalten Sie eine Liste mit Suchergebnissen wie diese:

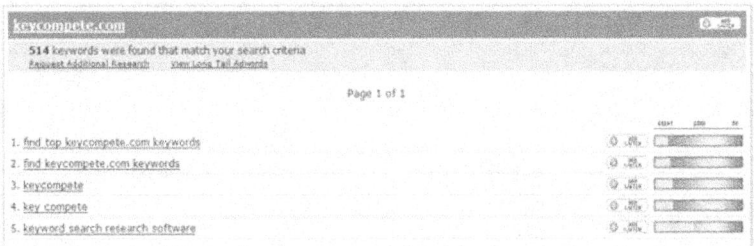

Der Gratis-Service ist allerdings begrenzt; wenn Sie einverstanden sind, 39 $ im Monat zu bezahlen, haben Sie Zugang zu allen Resultaten. In diesem Beispiel wurden 514 Suchergebnisse gefunden, aber nur 5 angezeigt.

Der Balken auf der rechten Seite der Keyword-Zeile gibt die Qualität an. Je höher die Platzierung desto besser die Performance.

In obigem Beispiel ist "keyword search research software" am schwächsten.

Verwendung von KeyCompete um herauszufinden, wer auf bestimmte Keywords bietet: Gegen Sie auf www.keycompete.com.

Im Suchfeld geben Sie das Keyword ein, das Sie analysieren möchten, in diesem Fall suchen wir "Garden Furniture". Klicken Sie auf „Search" und sehen Sie die Resultate.

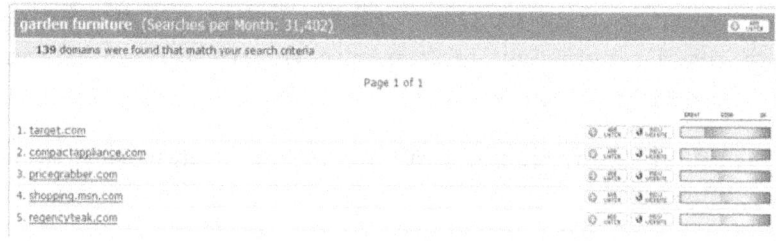

Wieder werden nur 5 Resultate angezeigt, obwohl es 139 Domains gibt, die das Keyword verwenden.

Wenn Sie nach spezifischeren Keywords suchen wie z.B. "iron garden furniture", bekommen Sie mehr zielgerichtete Ergebnisse. Die Anfrage zu dieser Suche-Phrase ergab, dass nur noch 75 Sites hierauf bieten:

Keyword Spy

Eine Alternative, die Keywords der Konkurrenten in Erfahrung zu bringen, ist Keyword Spy.

Auch dieses Tool ist beliebt, weil es die Zeit erheblich reduziert, eine eigene Keyword-Liste aufzubauen.

Die Suche nach den besten Keywords kann mitunter sehr lange dauern, aber mit solch einem Tool ist es eine Sache von Minuten.

Auch mit Keyword Spy können Sie das Pferd von hinten aufzäumen, d.h. Sie geben bestimmte Keywords ein und sehen, welche Website darauf bei Google bieten.

Auch ist es möglich, alle Suchergebnisse sehr leicht zu exportieren, welche dann für Ihre eigene PPC Anzeigenkampagne verwendet werden können.

Keyword Spy ist deshalb so beliebt, weil es den Usern erlaubt, Keywordlisten in wenigen Sekunden zusammenzustellen.

Das Tool gibt Ihnen auch viele Infos, was Ihre Mitbewerber auf bestimmte Keywords bieten und wie effektive sie sind.

Zudem wird ein ungefährer CPC (Cost Per Click) errechnet, der sehr nützlich für das Werbebudget ist.

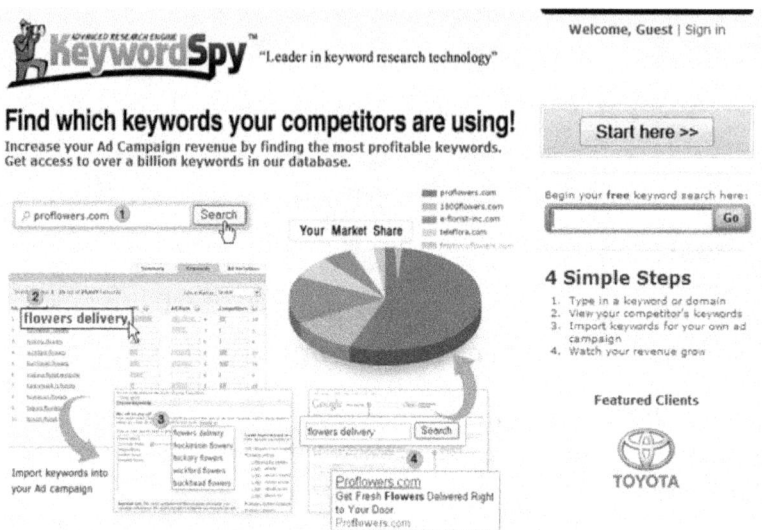

In das Eingabefeld unter "Begin your free keyword search here:" tippen Sie die Domain ein, die Sie untersucht haben möchten. Dann klicken Sie auf „Go".

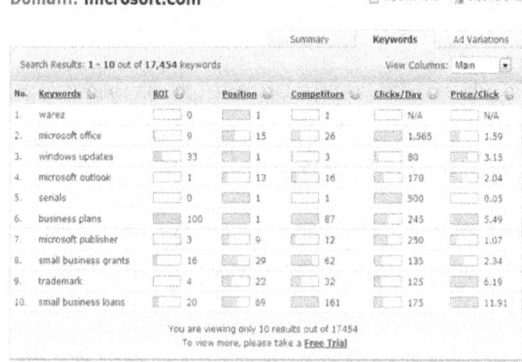

Daraufhin sehen Sie eine Liste mit 10 Keywords, auf die die betreffende Domain bei PPC-Kampagnen bietet.

Domain: microsoft.com   Export to Text   Export to Excel

		Summary	**Keywords**	Ad Variations

Search Results: **1 - 10** out of **17,454** keywords   View Columns: Main

No.	Keywords	ROI	Position	Competitors	Clicks/Day	Price/Click
1.	warez	0	1	1	N/A	N/A
2.	microsoft office	9	15	26	1,565	1.59
3.	windows updates	33	1	3	80	3.15
4.	microsoft outlook	1	13	16	170	2.04
5.	serials	0	1	1	500	0.05
6.	business plans	100	1	87	245	5.49
7.	microsoft publisher	3	9	12	250	1.07
8.	small business grants	16	29	62	135	2.34
9.	trademark	4	22	32	125	6.19
10.	small business loans	20	69	161	175	11.91

You are viewing only 10 results out of 17454
To view more, please take a **Free Trial**

Sie sehen sogar den geschätzten Preis pro Klick (CPC) und die Anzahl der Klicks pro Tag.

Verwendung von Keyword Spy zur Suche nach Domains, die bestimmte Keywords verwenden: Gehen Sie auf: www.keywordspy.com

Geben Sie das Keyword, nach dem Sie suchen, in das Sucheingabefeld ein. Klicken Sie auf „Go".

Sie erhalten nun wieder eine Liste mit 10 Suchergebnissen:

Keyword: garden furniture

Summary | **Competitors**

Search Results: **1 - 10** out of **138** keywords

No.	Competitor	Total Keywords
1.	Target.com	4,002,786
2.	LondonTeak.com	174
3.	beginningsprouts.com	290
4.	WalMart.com	277,803
5.	BackyardCity.com	2,106
6.	CharlestonGardens.com	995
7.	Shop-NC.com	258
8.	CharlesKeath.com/Outdoor	293
9.	ncdfurniture.com/FurnitureSale	61,036
10.	Kmart.com	10,148

You are viewing only 10 results out of 138
To view more, please take a **Free Trial**

Sie sehen dann, wer mit Ihnen im Wettbewerb um dasselbe Keyword steht. Das ist nützlich, wenn Sie Ihre eigene PPC-Anzeigenkampagne analysieren.

AdSpyPro

Noch ein hilfreiches Tool, auf das Sie vielleicht einen Blick werfen möchten, ist AdspyPro, mit dem Sie den PPC-Kampagnen-Erfolg von anderen Marketern beobachten können.

AdspyPro ist ein wenig schwieriger zu benutzen.

Es ist ein PHP Script, dass auf Ihre Website hochgeladen wird.

Sie können das Script dann so einstellen, dass es Ihnen regelmäßig die neuesten Informationen liefert.

Wenn das Script ordnungsgemäß installiert ist, können Sie Keywords und Anzeigen- Kampagnen eintragen, die Sie verfolgen wollen.

AdspyPro läuft dann zu den von Ihnen vorgegebenen Zeiten, untersucht die gewünschten Keywords und macht Berichte über die jeweiligen Ergebnisse.

Es berechnet auch das so genannte Profit Signal. Damit zeigt es an, ob es ein Keyword für erfolgreich hält.

Website: www.adspypro.com

PPC Spying Software ist am wirkungsvollsten, wenn Sie Kampagnen etwa zwei Wochen lang beobachten.

Erst dann haben Sie genügend Daten gesammelt, um über Ihr weiteres Vorgehen zu entscheiden.

Domain Geheimnisse

Wenn Sie einen Domainnamen wählen, sollte er nicht getrennt von Ihrer AdWords- Anzeige sein.

Ich meine damit, dass Ihr Domainname mit helfen soll zu verkaufen, so dass die Leute eher auf ihn klicken als auf die Links der Konkurrenz.

Daher müssen Sie eine Domain haben, die das Hauptkeyword enthält, auf das Sie aus sind.

Es ist allerdings nicht so ganz einfach, noch GROSSARTIGE Domainnamen zu finden, die noch nicht registriert sind.

So gehen Sie vor, einen Domainnamen quasi per Autopilot zu finden:

Machen Sie eine Keyword Recherche, in der Sie bis zu 200 einschlägige Keywords überprüfen. Nun nehmen Sie diese Liste und gehen damit zu www.godaddy.com.

Sie müssen Ihre Domain nicht hier kaufen, aber hier gibt es ein klasse Feature, mit dem man gute Domains ausfindig machen kann.

Wenn Sie auf der Seite von GoDaddy sind, gehen Sie mit dem Mauszeiger auf „Domains" in der oberen Taskleiste, wodurch ein Fester wie das nachfolgende aufgeht. Dort klicken Sie auf „Bulk Register".

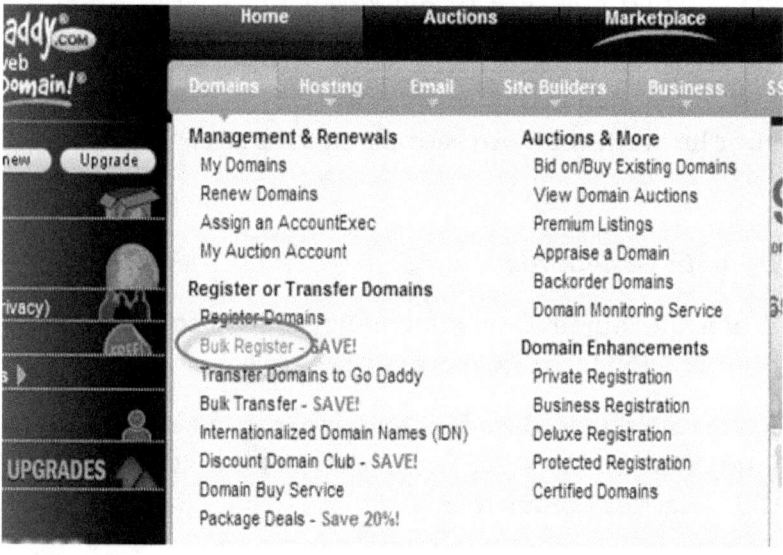

Als nächstes fügen Sie Ihre Keywords in das Feld, über dem "Enter up to 500 domains" steht. Setzen Sie ein Häkchen vor der gewünschten TLD (in der Regel vor .com).

Auf diese Weise stellen Sie blitzschnell fest, welche Namen noch frei sind. Wenn Sie die Eingaben gemacht und auf „Search" geklickt haben, kommt eine Anzeige mit vielen „Error"; das sind alles Domainnamen, die schon registriert sind.

Wenn Sie aber weiter nach unten scrollen, finden Sie die noch verfügbaren. Siehe Beispiel:

Wie Sie sehen, bekomme ich auf diese Weise eine Menge hübscher Domainnamen angezeigt, für die ich mein Gehirn nicht anstrengen musste!

Nun selektieren Sie, was immer Sie haben möchten und registrieren, wo auch immer Sie wollen.

Wenn mir diese Vorgehensweise keine guten Domains gebracht hat, gehe ich zu www.deleteddomains.com und schaue nach, ob dort gute, nicht mehr benutzte, Gebraucht-Domains erhältlich sind (in Deutschland entsprechend z.B. auf www.sedo.de).

Die Kunst des Vor-Verkaufens

Das Ziel des Vor-Verkaufens ist, einen Interessenten dazu zu bekommen zu sagen „Ich will das... Jetzt! Wo kann ich es bekommen?"

Sie müssen Ihre Leser in die "Das-will-ich-haben-Stimmung" bringen, noch bevor sie mit einem Produkt, einem Konzept, einer Person usw. konfrontiert werden.

Erfolgreiche Vorverkaufsbriefe haben vier Dinge gemeinsam:

Eine genau definierte, klare Empfehlung für ein Produkt stellt eine Verbindung zum Leser her und konzentriert sich auf Leser und Thema Erzeugt eine Wert-Dissonanz (oder -Disharmonie).

So ist normalerweise das Vorgehen: Greifen Sie Nachfrage, Verlangen, Wunsch, Bedürfnis auf, welche bereits bestehen.

- Erzeugen Sie eine Kaufstimmung
- Präsentieren Sie ein einzigartiges Angebot.

Sie sollten das Angebot mit passenden Bonus aufwerten, die die Effektivität erhöhen.

Nachfolgend stelle ich mehrere Vorverkaufs-Strategien vor, die Sie anwenden können. Sie sind eigentlich selbsterklärend, aber ich habe Beispiele beigefügt.

Vorverkaufs-Methode 1: Sprich über das Problem, dann biete eine Lösung an (das Affiliate-Produkt)!

Berichten Sie über Ihre eigene Erfahrung. Kurz und bündig.

Lenken Sie dann die Aufmerksamkeit des Lesers auf das Thema. Stellen Sie das Problem heraus...

Sprechen Sie über die Lösung des Problems.

Heben Sie das Resultat, das der Kunde bekommt, wenn er das Produkt benutzt, besonders hervor (etwas Spektakuläres, das auf andere Weise kaum zu erreichen ist).

Bieten Sie die Gelegenheit, weitere Informationen zu erhalten (z.B. durch Opt-in) oder leiten Sie ihn zum Produktanbieter weiter.

Vorverkaufs-Methode 2: Stellen Sie die Schwachstelle eines Produktes heraus und beheben Sie sie mit einem Bonus!

Beschreiben Sie, welche Resultate Kunden erzielen, wenn Sie das Produkt kaufen. Dann beschreiben Sie die Schwachpunkte des Produktes...

Bieten Sie einen Bonus an, der die mögliche Schwachstelle ausgleicht.

Ihr Bonus muss in Beziehung zu dem Produkt stehen und die Kunden wegen seines Wertes geradezu überwältigen.

Einrichten hochqualitativer Landing Pages

Ein weiteres Schlüsselelement, profitables PPC Kampagnen zu fertigen, ist Ihre Landing Page.

Seit Verschärfung der Bedingungen durch Google sind eine ganze Menge Anzeigen- Kampagnen rausgeworfen worden.

Google tat dies, weil Sie nicht den Anforderungen entsprachen, aber kann man Google deswegen tadeln? Sie müssen ein Geschäft führen.

Ich kenne viele Leute, die Anzeigen verloren haben, die Ihnen 100 $ am Tag brachten.

In diesem Kapitel werde ich erklären, wie man Google ein Schnippchen schlägt und die niedrigsten Klickkosten (Cost per Click, CPC) bekommt.

Landing Page Grundlagen

Ihr Cost Per Click (CPC) hängt größtenteils von der Qualität Ihre Website ab und auch davon, welcher Prozentsatz an Klicks zu Verkäufen führt.

Es ist äußerst wichtig, dafür zu sorgen, dass Ihre Website die allerbeste Qualität hat und so professionell wie möglich aussieht.

Es gibt eine Reihe von wichtigen Bereichen, die jede Website haben muss, und zwar:

- Datenschutzrichtlinien
- Allgemeine Geschäftsbedingungen (AGB)
- Haftungsausschluss
- Kontaktseite
- Andere Informationen
- Datenschutzrichtlinien

Sehr wenige Menschen schreiben gerne Datenschutzrichtlinien und Allgemeine Geschäftsbedingungen.

Es scheint eine undankbare Aufgabe zu sein, weil niemand gerne über juristische Dinge spricht, es sei denn, er ist ein Anwalt und wird nach Stunden bezahlt. Außerdem lesen sehr wenige Menschen die Datenschutzrichtlinien und die AGBs. Wenn sie also niemand liest, warum sollten Sie dann welche haben?

Nun, die Leute mögen sie zwar nicht lesen, aber Sie überprüfen, ob es sie gibt.

Das Fehlen von Datenschutzrichtlinien und Allgemeine Geschäftsbedingungen ist ein Zeichen von mangelnder Professionalität, vielleicht sogar von unseriösität. Darüber hinaus ist es in vielen Ländern gesetzlich vorgeschrieben.

Was sind die Datenschutzrichtlinien?

Die Datenschutzrichtlinien erläutern, wie ein Unternehmen Daten seiner Kunden mit persönlichen Informationen sammelt, verwendet und sichert.

Die Menschen sind sehr sensibel, wenn es um persönliche Informationen geht, besonders in diesen Zeiten und im Internet, und wollen deshalb sicher sein, dass mit ihren Daten nichts Ungesetzliches passiert.

Stellen Sie heraus und versichern Sie Ihrem Kunden, dass seine Daten sicher sind und nicht an andere weitergegeben werden, dass Sie die Daten nur für die notwendigen Geschäftsvorgänge verwenden und sicher verwahren.

Bestätigen Sie, dass Sie die gesetzlichen Bestimmungen einhalten. Was sind die Allgemeinen Geschäftsbedingungen?

Hier informieren Sie Ihre Besucher über die generellen Regeln, die Ihre Website betreffen, vor allem in Bezug auf finanzielle Dinge und betriebliche Abläufe.

Der Käufer erfährt seine Rechte und Pflichten und kann sich versichern, dass es sich um ein vertrauenswürdiges Internehmen handelt.

Datenschutzrichtlinien und Allgemeine Geschäftsbedingungen sind offizielle Dokumente.

Informieren Sie sich diesbezüglich über die gesetzlichen Bestimmungen Ihres Landes und halten Sie sich auf dem Laufenden, denn sie können sich von Zeit zu Zeit ändern.

Besonders in Deutschland können falsche oder fehlerhafte Angaben zu sehr teuren Abmahnungen führen.

Wie können Sie die Datenschutzrichtlinie zu Ihrem Vorteil nutzen?

Zeigen Sie Ihren Besuchern, welche persönlichen Informationen Sie abfragen werden und warum.

Sammeln Sie nicht mehr Informationen als nötig, andernfalls werden die Interessenten misstrauisch und davon abgehalten, eine Bestellung aufzugeben.

Lassen Sie Ihre Besucher auch wissen, wie deren Daten verwaltet und verwendet werden. Versichern Sie ihnen, dass kein Missbrauch getrieben wird.

Informieren Sie die Besucher über Ihre Schutzvorkehrungen gegen Datendiebstahl, Hacker und andere Angriffe.

Informieren Sie auch freimütig, wem Sie die Informationen mitteilen müssen, falls Sie dazu verpflichtet sind.

Ermöglichen oder erlauben Sie Ihren Kunden, persönliche Daten leicht zu bearbeiten oder zu löschen.

Dies verbessert das Vertrauen in Ihre Website.

Wenn es irgendwelche Änderungen gibt, sollten Sie Ihre User informieren. Teilen Sie mit, wie sie davon in Kenntnis gesetzt werden.

Sie sollten auch Kontaktmöglichkeiten bereithalten für alle, die Fragen zu ihren Daten bzw. zum Datenschutz haben.

Stellen Sie sicher, dass diese Fragen schnell beantwortet werden. Wo sollten Sie diese Unterseiten unterbringen?

Die meisten Webmaster setzen diese Informationen an das Ende ihrer Website, weil sie wollen, dass zuerst der Verkaufsbrief gelesen wird.

Ihre Seite muss die Besucher fesseln!

Sie müssen Ihre Seite sozusagen fesselnd machen.

Wenn Sie Ihre Besucher länger auf der Seite festhalten können, ist die Chance größer, dass Sie am Ende etwas kaufen.

Dies erreichen Sie, indem Sie Tonnen von für Ihre Nische nützlichem Content zur Verfügung stellen. Das könnte in Form von Videos, Artikeln, Podcast usw. geschehen.

Video

Video ist jetzt, nicht Zukunft. Die Zahl der User, die online Videos anschauen, wächst jeden Tag.

Wir alle haben von YouTube gehört und den Besucherscharen, die die Seite täglich bekommt. Jetzt liegt es an Ihnen, Video zu Ihrem Vorteil zu nutzen.

Ein Video zu erstellen, ist nicht so schwierig, wie Sie denken.

Für gewöhnlich fabriziere ich ein Video in weniger als 20 Minuten und habe es auf YouTube oder meine Website hochgeladen.

Folgen Sie einfach diesen Schritten, um ein Video zu produzieren:

Downloaden Sie eine 30-Tage-Testversion von Camtasia (Screen Capture Software), http://www.techsmith.com

Öffnen Sie Microsoft Powerpoint, um Slides für die Informationen zu generieren.

Wenn Sie kein Powerpoint haben, gibt es hier eine kostenlose Alternative auf http://www.openoffice.org

Sobald Sie die Slides erstellt haben, präsentieren Sie die Informationen, indem Sie sie mit Camtasia aufnehmen. Wenn das getan ist, haben Sie ein Video, das Sie auf Ihrer Website veröffentlichen können!

Qualitäts-Content

"Content is King" in den Augen von Google.

Nach diesem Kriterium bestimmen die Google Bots, ob eine Site es wert ist, besucht zu werden oder nicht.

Das Einstellen von Content, der für Besucher nützlich ist, ist sehr entscheidend, Ihre Seite für den besten CPC zu optimieren.

Sie müssen nun herausfinden, nach welchen Informationen Ihre Zielgruppe sucht, indem Sie Blogs Ihrer Nische besuchen oder auf den Webseiten Ihrer Mitbewerber nach Ideen suchen.

Sobald Sie Infos gefunden haben, die es wert sind, gepostet zu werden, schreiben Sie eine Handvoll Artikel oder engagieren jemand, der es für Sie tut.

Google Qualitätsfaktor

Dies ist etwas, das Google im Jahr 2008 eingeführt hat, um all diese Müllseiten zu eliminieren, die auf AdWords inserierten.

Damit Sie den niedrigsten Klickpreis (CPC) bekommen, müssen Sie die unten genannten Dinge auf Ihrer Website haben:

Das ist dann ein perfektes Beispiel einer Landing Page mit einem großartigem Qualitätsfaktor und einem kleinen CPC.

Wenn ich den niedrigsten Klickpreis habe, bin ich in der Lage, die Mitbewerber aus dem Feld zu schlagen.

Stellen Sie sicher, dass Ihre Landing Page folgendes beinhaltet: Wenigstens drei Qualitätsartikel

- Datenschutzrichtlinien und
- AGBs
- Links zu weiteren nutzvollen Informationen

Sie müssen beim Erstellen einer Landing Page immer im Hinterkopf behalten, dass Google sehen will, dass, was auch immer User in ihrer Suchmaschine finden, Qualität hat.

Wenn Sie eine qualitativ hochwertige Seite kreieren, werden Sie dadurch belohnt, dass Sie einen günstigen Klickpreis bekommen.

Adwords Tipps & Tricks

Wichtige Einstellungen bei AdWords Kampagnen

Es gibt ein paar Einstellungen, die standardmäßig voreingestellt sind; diese Optionen wollen wir ändern, um die Resultate unserer Anzeigen-Kampagne zu maximieren.

Zuerst gehen wir dazu auf die Kampagnen-Einstellungen und ändern die nachfolgenden Settings, wobei ich auch erkläre, warum wir das tun.

1. Wie im Screenshot gezeigt stellen wir die Delivery Method so ein, dass die Anzeigen gleichmäßig über den Tag verteilt angezeigt werden. Der Grund ist auszutesten, zu welchen Zeiten die meisten Qualitätsklicks erfolgen. Später werden wir in diesem Ebook weitere Tests und Einstellungen machen, damit Ihre Anzeigen zu den besten Zeiten erscheinen und Ihr Werbebudget für Kunden ausgegeben wird, die danach suchen, was Sie verkaufen.

Budget options	
Budget:	$ 50.00 / day ⑦
	▸ View Recommended Budget	How will my budget affect my ad performance?
Delivery method: ⑦	⦿ Standard: Show ads evenly over time
	⦾ Accelerated: Show ads as quickly as possible

2. Wechseln Sie bei „Ad serving" (Anzeigen erscheinen) auf „more evenly" (mehr gleichmäßig). Grund: Sie sollten 2 Anzeigen zum selben Thema gegeneinander laufen lassen. Mit der obigen Einstellung erkennen Sie, welche erfolgreicher ist. Wenn Sie das die Google Bots entscheiden lassen, wissen Sie nie, was besser läuft und können somit nicht Ihren Gewinn erhöhen.

Scheduling and serving	
Ad scheduling:	Off. Ads running at all times.
	Turn on ad scheduling ⑦
Ad serving ⑦	⦾ Optimize: Show better-performing ads more often (Recommended)
	⦿ Rotate: Show ads more evenly

Nachdem dies erledigt ist, können wir dazu übergehen, eine kugelsichere AdWords Kampagne zu erstellen.

Die Anzeige

Nur weil Sie es geschafft haben, eine Keyword-Liste und eine Landing Page zu erstellen, heißt das noch nicht, dass Sie die Schlacht schon gewonnen haben und sich nun zurücklehnen und ausruhen können.

In der Tat ist noch eine Menge Arbeit zu tun.

Keywordliste und Landing Page sind fertig, nun ist es an der Zeit, eine Anzeige zu texten.

Hier müssen Sie sehr sorgfältig Arbeiten, um sicher zu stellen, dass Sie ein Inserat kreieren, das die Leser veranlasst, darauf zu klicken und Ihre Website zu besuchen.

Erfolgreiche Anzeigen nachmachen

Es ist immer eine bewährte Vorgehensweise zu kopieren, was sich bewährt hat (erfinden Sie nicht das Rad neu!).

Finden Sie die Führer in Ihrer Nische und verwenden Sie deren Anzeigen als Vorlage.

Diese Anzeigenmuster sind die Grundlage und Ideenlieferanten bei der Erstellung Ihrer eigenen Anzeigen.

Machen Sie dazu eine Suchanfrage für Ihre Keywords und halten Sie Ausschau nach Anzeigen, die Ihnen gefallen oder von denen Sie das Gefühl haben, dass User darauf klicken würden.

Wenn Sie das für alle Ihre Haupt-Keywords gemacht haben, besitzen Sie eine hübsche Ideensammlung.

WICHTIG: Wenn Sie ein Keyword Spying Tool gekauft bzw. gemietet haben, haben Sie es leicht, denn die meisten kontrollieren auch die Anzeigen der Mitbewerber, so dass Sie wissen, welche gut laufen.

Wörter, die in der Anzeige stehen müssen

Verwenden Sie Keywords in der Anzeige. Wenn Sie eine erfolgreiche PPC Kampagne auf die Beine wollen, dann gibt es einige sehr wichtige Dinge, die Sie beachten müssen.

Wir haben ja bereits besprochen, wie Sie Keywords für PPC-Anzeigen finden können.

Die Platzierung ist der wichtigste Teil des Erfolges beim Inserieren.

Sie sollten Ihren Anzeigentext sorgsam mit Keywords bestücken, so dass er für die Leser interessant erscheint.

Je interessanter die Anzeige klingt, desto größer die Chance, dass jemand darauf klickt.

Es gibt verschiedene Möglichkeiten, wie man die richtigen Keywords in der Anzeigen Kampagne verwendet.

Die Keywords sollten in der Schlagzeile der Anzeige vorkommen, aber auch im nachfolgenden Text.

Die Keywords sind wie ein Blickfang und erregen die Aufmerksamkeit des Lesers. Keywords, die beim Leser den Punkt treffen.

Jeder Ihrer potenziellen Kunden ist ein menschliches Wesen, was sehr vorteilhaft für Sie ist, denn Menschen haben Emotionen.

Wenn Sie lernen, wie man die richtigen Knöpfe bei Ihren Lesern drückt, dann haben Sie eine weitaus bessere Erfolgschance.

Aber wie treffen Sie beim Leser genau den Punkt?

Gefühle sind sehr wichtig beim Inserieren, aber haben Sie sich schon jemals genau überlegt, warum?

Nun, Emotionen sind sehr mächtig und können unser Verhalten beeinflussen. Sie können körperliche und mentale Änderungen hervorrufen, die unsere Entscheidungen bestimmen.

Experten sind in der Lage, diese Emotionen zu benutzen, um bei jemand den Auslöseknopf zu drücken und ihn zu überzeugen, dass er z.B. dieses Produkt kaufen muss.

Die meisten Inserenten verwenden Emotionen, um Menschen zum Kauf zu bewegen. Sie stecken sie voller Anreize.

Ohne Anreize wären Anzeigen eigentlich sinnlos.

Emotionen sind also mit die besten Wege, jemanden zu ermuntern, Ihr Produkt genau jetzt zu kaufen!

Sie sollten Ihr Produkt in der Weise anpreisen, dass es eher das Gefühl des Lesers anspricht als seinen Verstand.

Es gibt eine ganze Reihe von Emotionen, die in Anzeigen sehr effektiv verwendet werden können, wie z.B. Interesse, Scham, Schuldgefühl, Liebe, Ärger, Überraschung, Kummer, Glück, Depressionen, Frustration, Angst usw.

Anzeigen-Struktur

Hier sind die Regeln, die Sie befolgen müssen, wenn Sie eine Anzeige für AdWords erstellen.

Relevanz

Die wichtigste Regel ist, dass Ihre Anzeige unbedingt einen Bezug haben muss zu dem, was die Verbraucher suchen. Je höher die Relevanz, desto besser die CTR, die Click Through Rate (Durchklickrate = Verhältnis zwischen angezeigt und angeklickt werden).

 Relevanz bedeutet, dass Ihre Anzeige genau das bietet, was der User sucht.

Schlagzeile

Der zweite Faktor, der die Click Through Rate beeinflusst, ist die Überschrift. Ihre Blickfang-Wirkung sollte möglichst stark sein.

Je mehr sich die Headline von anderen unterscheidet, desto größer die Chance, dass die ganze Anzeige gelesen und draufgeklickt wird.

Vergessen Sie dabei nicht die Relevanz. Also keine „Crazy Gimmicks" – Relevanz ist KING!

Der Ausgangspunkt für eine Schlagzeile ist, das dominierende Keyword zu verarbeiten, d.h. das Keyword, das den höchsten Qualitäts-Traffic anzieht und es in die Überschrift einzubinden.

Die Aufgabe der Schlagzeile ist es, Aufmerksamkeit zu erregen.

Wenn Sie die Aufmerksamkeit der Leser nicht bekommen können, haben Sie verloren, bevor Sie richtig angefangen haben.

Die Möglichkeit, Aufmerksamkeit zu erregen, liegt einzig und allein in der Überschrift. Und wie ich zuvor sagte:

Erfinden Sie das Rad nicht neu, verwenden Sie erprobte Schlagzeilen und Vorlagen. Hier habe ich 10 bewährte Schlagzeilen:

- "Wie Sie ... "
- "Geheimnis des ... erforscht!"
- „WARNUNG:Denken Sie nicht einmal an ...bevor Sie"

- "Wer will auch ...?"
- „Jetzt können Sie [erwünschter Zustand oder Ereignis] haben/machen..." "Man lachte als ich ... , aber dann "
- „Geben Sie mir [kurze Zeitangabe] und ich zeige Ihnen [gewünschtes Ergebnis]"
- „Wie Faulpelz [Name] es schaffte, [gewünschtes Ergebnis] zu verdienen..."
- „Sehen Sie, wie leicht Sie [gewünschtes Ergebnis]..."
- „Sie müssen kein [etwas Außergewöhnliches] sein, um [gewünschtes Ergebnis]"

Anzeigentext

Obwohl der eigentliche Text der Anzeige nicht so entscheidend ist wie die Schlagzeile, sollte dennoch genug Mühe und Zeit aufgewendet werden, mit dem Text zu experimentieren.

Denn es ist nicht gut, eine tolle Überschrift zu haben, aber einen reizlosen Text. Im Allgemeinen müssen Sie im Text die Vorteile so gut wie möglich herausstellen und nur einen kurzen Hinweis auf das Produkt selbst geben.

Manche Gurus sagen, die Anzeige sollte zur einen Hälfte das Produkt und zur anderen Hälfte die Vorteile beschrieben, aber ich meine, Sie sollten den Schwerpunkt auf die Vorzüge legen.

Schauen Sie sich die Top 5 Anzeigen auf AdWords für Ihr Produkt an und Sie sehen, wie sie aussehen sollte.

Template Anzeigen

Hier habe ich Ihnen ein paar Vorlagen zusammengestellt, die Sie nutzen können, wenn Sie eigene Anzeigen kreieren.

Diese Anzeigen konvertieren zu vielen Klicks. Unter jeder Anzeige gebe ich die verwendete Struktur an.

Anzeigentipps

Es kann durchaus schwierig sein, gute Anzeigen zu Texten, die aus Lesern Kunden machen, aber es ist nicht unmöglich.

Auch Anfänger schaffen es, Killeranzeigen zu schreiben, wenn sie sich die Zeit nehmen, zu lernen, was man tun muss.

Wie bei allem anderen gilt: Übung macht den Meister.

Trainieren Sie deshalb die nachfolgenden Tipps, bis Sie sicher sind, was Sie tun. Die Tipps können Sie auch immer als Richtlinie heranziehen.

Schlagzeile – Die Schlagzeile ist der wichtigste Teil jeder Anzeige, weil sie das ist, was der Leser zuerst sieht. Sie sollte interessant und fesselnd sein, so dass Ihre potenziellen Kunden nicht widerstehen können, den Rest zu lesen.

Oft ist es von Vorteil, in der Überschrift eine Frage zu stellen. Das lässt die Leser über die Frage nachdenken und wenn sie die Antwort wissen wollen, werden sie klicken. Eine Frage zu stellen zu etwas, das im Erfahrungsbereich vieler Menschen liegt, führt in der Regel zu vielen Klicks.

Sehen Sie selbst: „Sind Sie es leid, zu viel Kreditzinsen zu zahlen?" ist viel zwingender als „Günstige Bankdarlehen".

Anzeigentext

Nach der Schlagzeile müssen Sie sich Gedanken über den eigentlichen Anzeigentext machen. Wenn Sie ihn schreiben, sollten Sie immer im Sinn haben, welche Vorteile es demjenigen bringt, der das Produkt oder den Service kauft.

Zählen Sie nicht die Features des Produktes auf, sondern die Vorteile. Die Menschen sind egoistisch, deshalb wollen Sie wissen, was dieses Produkt für sie bringt.

Also statt zu sagen, dass Ihr Kredit billiger ist, machen Sie deutlich, dass der Kunde mehr Geld zur freien Verfügung hat. Geben Sie ihm Gründe, warum er Ihr Produkt wählen sollte.

Wenn Sie nicht genau wissen, was die Menschen wünschen, dann hören Sie sich in Foren und Blogs um, die Bezug zu Ihrem Produkt haben.

Qualität – Stellen Sie sicher, dass Ihre Anzeige von hoher Qualität ist und sich leicht lesen lässt. Verwenden Sie kurze Sätze, die schnell auf den Punkt kommen.

Vermeiden Sie jede Art von Fehlern, einschließlich Grammatik- und Rechtschreib- Fehlern. Machen Sie Gebrauch von der Rechtschreibprüfung in Windows.

Solche Fehler machen nicht nur einen schlechten Eindruck, sondern vermitteln ein Gefühl von Unprofessionalität, was Umsatz kostet.

Vermeiden Sie Übertreibung – Übertreiben Sie nicht, wenn Sie Ihre Produkte verkaufen. Konzentrieren Sie sich vielmehr auf die Vorzüge Ihres Angebotes.

Übertreibung mag Leser auf Ihre Anzeige klicken lassen, aber wenn Sie merken, dass stark übertrieben wird, kaufen Sie sicher nicht.

Kaufgründe nennen – Stellen Sie sicher, dass Ihre Leser genau wissen, wie Sie durch Sie profitieren können. Verwenden Sie eine einfache und direkte Ansprache.

Überzeugen Sie skeptische Menschen, aber vermeiden Sie den Eindruck, dass Ihr Angebot zu gut ist, um wahr zu sein. Das macht Verbraucher nur misstrauisch. Macht aus ihnen aber kaum Käufer.

Gratis Zugaben

Eine sehr gute Idee, Ihre Konversationsraten zu erhöhen, ist die Abgabe von kostenlosen Boni bei einem Kauf.

Im Internet können Sie Unmengen von Produkten finden, die Sie gratis anbieten können. Das könnte auch ein kostenloses Ebook oder eine kostenlose Software sein.

Geld-zurück-Garantie – Sie könnten das Vertrauen Ihrer Interessenten auch dadurch erhöhen, dass Sie Ihnen ihr Geld rückerstatten, wenn sie nicht vollkommen zufrieden mit Ihrem Produkt oder Service sind.

Verbraucher trennen sich dann eher von Ihrem Geld.

Verkaufs-Tipps

Rabatte

Bieten Sie Ihren Interessenten und Kunden einen Rabatt auf den Kaufpreis des Produkts an, indem Sie einem Teil Ihrer Affiliate-Provision dazu verwenden.

Eine andere Möglichkeit wäre, mit einem Teil Ihrer Affiliate-Provision ein bestimmtes Produkt zusätzlich zu kaufen, statt einen Geldrabatt zu gewähren.

Produkt Bonus

Geben Sie Ihren Interessenten und Kunden eines Ihrer eigenen Produkte gratis als Bonus dafür, dass sie über Ihren Affiliate-Link bestellen.

Das könnte ein Produkt sein,

- das Sie sich einmal selbst gekauft haben und nicht mehr brauchen,
- das Sie selber erstellt haben
- oder für das Sie die ResellRights (Wiederverkaufsrechte)
- besitzen.

Produkte weiterreichen

Bieten Sie Ihren Interessenten und Kunden ein Bonusprodukt an, das vom Eigentümer des Hauptproduktes selbst stammt.

Fragen Sie den Betreiber des Affiliateprogramms einfach, ob Sie eines seiner anderen Produkte als Affiliate-Bonus verwenden dürfen.

Es besteht eine gute Chance, dass er einverstanden ist, denn er wird durch Ihre Aktion mehr Geld verdienen.

Experten-Interview

Belohnen Sie Ihre Interessenten und Kunden mit einem Experten-Interview, wenn Sie über Ihren Affiliate-Link bestellen.

Sie könnten zu diesem Zweck einen Fachmann interviewen, der zu dem angebotenen Produkt oder zu dem Sachgebiet in Beziehung steht.

Eine andere Idee wäre, nach und nach eine ganze Reihe von Experten zu vielen interessanten Themen zu interviewen.

Abonnenten-Discount

Gewähren Sie Ihren Abonnenten oder Seitenbesuchern einen speziellen Nachlass auf das Produkt.

Zu diesem Zweck müssen Sie den Partnerprogrammbetreiber bitten, Ihnen eine spezielle Seite mit dem enthaltenen Rabatt zu erstellen, die nur für Ihre Abonnenten ist.

Auch hier gibt es eine gute Chance, dass der Affiliate-Anbieter zustimmt, wenn Sie dafür bekannt sind, eine Menge Verkäufe vermitteln zu können.

Höhere Provision

Gewähren Sie Ihren Interessenten und Kunden höhere Affiliate-Provisionen.

Denn manche kaufen ein Produkt zu dem Zweck, dass Sie es begutachten und besprechen können, um es in ihrer eigenen Liste zu bewerben.

Fragen Sie bei dem Produkthersteller an, ob er bereit ist, für solche Kunden von Ihnen eine höhere Provision zu zahlen.

Kostenlose Werbung

Bieten Sie Ihren Interessenten und Kunden an, dass sie in Ihrer Liste für deren Website oder deren Produkt gratis Werbung machen dürfen, falls sie ein Produkt über Ihren Affiliate-Link kaufen.

Sie könnten Ihnen auch kostenlosen Anzeigenraum auf Ihrer Website, Ihrem Blog, Ihrem Forum, in Artikeln usw. zur Verfügung stellen.

Produkt Workshop

Bieten Sie Ihnen Interessenten und Kunden die Teilnahme an einem Produkt Workshop an, wenn sie Geld durch Ihren Affiliate-Link ausgeben.

Dieser Workshop könnte live sein, über das Telefon oder via Webinar.

Dort könnten Sie ihnen zeigen, wie sie den größten Nutzen aus dem gekauften Produkt ziehen können.

Resell Rights

Statten Sie Ihre Interessenten und Kunden mit extra Rechten zu dem Produkt aus, das Sie bewerben.Sie könnten den Hersteller bitten, Ihren Käufern weitergehende *Produktrechte als Bonus zu gewähren.*

Das könnten beispielsweise Resell Rights, Master Resell Rights, Branding Rights, Private Label Rights etc. sein

Bieten Sie Ihren Interessenten und Kunden an, dass sie ein Gratis Ticket für einen speziellen Event bekommen, wenn Sie das Produkt durch Anklicken Ihres Affiliatelinks kaufen.

Das könnte ein bestimmtes Seminar sein, ein Lehrgang, eine Ausstellung, eine Messe, eine Sport- oder Unterhaltungs-Veranstaltung, eine Theateraufführung, ein Film und so weiter.

Offerieren Sie Ihren Interessenten und Kunden kostenlose Beratung zu allem, was in Bezug steht zu Ihrer Nische oder dem Produkt, das Sie bewerben.

Das könnte stattfinden sowohl als Einzel- als auch als Gruppenberatung mit allen Kunden, die durch Ihren Affiliate-Link gekauft haben.

Die Beratung könnte persönlich erfolgen, per Email, Skype oder Chat.

Geben Sie Ihren Interessenten und Kunden ein kostenloses Produkt in der Zukunft. Falls Sie keinen Affiliate-Bonus haben, könnten Sie später einen für Ihre Käufer kreieren.

Stellen Sie heraus, wie viel dieses Gratisprodukt für Nicht-Käufer kosten würde und um was es sich handelt.

Gutscheine

Präsentieren Sie Ihren Interessenten und Kunden einen Geschenk-Gutschein für alle alten und/oder neuen Produkte.

Geben Sie ihnen beispielsweise einen 100 Euro Gutschein, wenn sie über Ihren Partnerprogramm-Link bestellen, den sie dann für alle Ihre Produkte (oder auch nur für bestimmte) einlösen können.

Ein Jahr lang Kostenlos

Belohnen Sie Ihre Interessenten und Kunden dadurch, dass sie für ein Jahr lang alle zukünftigen Produkte kostenfrei bekommen.

Wenn Ihre Kunden regelmäßig Produkte von Ihnen kaufen, werden sie dies als ein tolles Angebot betrachten dafür, dass sie ein Produkt über Ihren Affiliatelink kaufen.

Produkterstellung

Bieten Sie Ihren Interessenten und Kunden die Möglichkeit, mit Ihnen zusammen ein Produkt zu erstellen, das sie verkaufen können.

Dieser Affiliate-Bonus funktioniert sehr gut, wenn Ihre Zielgruppe Internet Marketer oder Verdienstsuchende sind.

Sie könnten das Produkt mittels einer Frage und Antwort Session mit dem Käufer kreieren.

Affiliate-Bonus

Gewähren Sie Ihren Interessenten und Kunden das Recht, den gleichen Affiliate Bonus zu verwenden wie Sie es tun.

Wenn viele Ihrer Kunden selbst Affiliates sind, ist es sehr wahrscheinlich, dass sie sich für das Affiliate Programm registrieren, damit Sie Ihren Affiliate Bonus benutzen können, um eigene Provisionen zu verdienen.

Vor allem, wenn das Affiliateprogramm zweistufig ist, verdienen Sie an allen Verkäufen der durch Sie geworbenen Affiliates indirekt und passiv mit.

Domain-Bonus

Gewähren Sie Ihren Interessenten und Kunden einen guten vorregistrierten Domainnamen für den Fall, dass sie Resell, Master Resell oder Private Label Rights Produkte durch Ihren Affiliate Link kaufen.

Auch eine gute Idee ist es, kostenloses Webhosting zu offerieren, so dass sie schnell und günstig den Wiederverkauf des Produktes einrichten können.

Gratis-Mitgliedschaft

Bieten Sie Ihren Interessenten und Kunden eine kostenlose Mitgliedschaft oder ein Gratis-Abo an, falls sie ein bestimmtes Produkt mittels Ihres Partnerprogrammlinks kaufen.

Die kostenlose Mitgliedschaft könnte ein ganzes Jahr laufen oder sogar lebenslang.

Die Leute sehen darin einen Wert von langer Dauer.

Spezialformat

Gewähren Sie Ihren Interessenten und Kunden ein spezielles Format des Affiliateprodukts, welches Sie bewerben, das nicht für jeden anderen erhältlich ist.

Zum Beispiel könnten Sie den Eigentümer des betreffenden Produkts bitten, eine Audioversion eines Ebooks zu erstellen, um es als Affiliate-Bonus verwenden zu können.

Spenden für wohltätige Zwecke

Geben Sie Ihren Interessenten und Kunden die Möglichkeit, wohltätig zu sein.

Lassen Sie sie wissen, dass Sie einen bestimmten Betrag Ihrer Affiliate Provisionen einer

Wohltätigkeitsorganisation spenden. Nennen Sie konkret deren Namen.

Ihre Interessenten und Kunden sehen dadurch, dass Sie auch eine soziale Verantwortung zeigen und ein Produkt nicht nur des Geldes wegen bewerben.

Physische Produkte

Offerieren Sie Ihren Interessenten und Kunden ein physisches Produkt, das Sie als Affiliate Bonus gekauft haben.

Die Leute halten oft physische Produkte für wertvoller als online oder downloadbare Produkte.

Allerdings haben Sie dann Extrakosten für den Versand zu tragen.

Unveröffentlicht

Geben Sie Ihren Interessenten und Kunden einen Affiliate Bonus, der noch nie veröffentlicht wurde.

Das könnte etwas sein, dass Sie gerade erst erstellt haben oder etwas, das Sie für sich selber genutzt haben, aber nie vorhatten zu veröffentlichen.

Die Leute werden sich privilegiert fühlen, über Ihren Affiliate Link zu bestellen.

Geheimnisvoller Bonus

Präsentieren Sie Ihren Interessenten und Kunden einen geheimnisvollen Bonus.

Werden Sie nicht konkret, sondern umschreiben Sie ihn nur, indem Sie zum Beispiel angeben, welchen Wert er hat, wie lange es gedauert hat, ihn zu kreieren usw.

Das macht die Leute neugierig und viele können nicht anders, als über Ihren Link zu bestellen, um zu sehen, was für ein geheimer Bonus das ist.

Aufgenommener Bonus

Versorgen Sie Ihre Interessenten und Kunden mit der Videoaufnahme eines hochpreisigen oder exklusiven Events.

Die meisten Menschen geben ihr Geld nicht aus für teure Events, weshalb sie sie eher auf Video sehen.

Dieser Event könnte zum Beispiel ein wichtiges Seminar sein, ein Mastermind Meeting, ein nicht öffentliches Gespräch mit einem Experten etc.

One Time Offer

Geben Sie Ihren Interessenten und Kunden die Möglichkeit, ein One Time Offer (OTO) kostenlos zu bekommen.

Ihre Provision verdienen Sie durch den Verkauf des Affiliate Produkts und geben ein One Time Offer gratis dazu.

Fragen Sie den Produktinhaber, ob er Ihre Idee mit einem Gratisprodukt unterstützen kann.

Gruppen Bonus

Belohnen Sie Ihre Interessenten und Kunden mit einem Gruppen-Affiliate-Bonus.

Dazu müssten Sie eine Reihe von weiteren Geschäftsinhabern überzeugen, Produkte für Ihr Affiliate Bonus Package zu spenden.

Im Gegenzug könnten diese Geschäftsleute das Bonus Package auch nutzen oder hätten die Möglichkeit, Newsletter-Eintragungen von Käufern zu erhalten.

Gratis Test

Gewähren Sie Ihren Interessenten und Kunden einen kostenlosen oder kostengünstigen Test des Produkts, falls sie durch Ihren Affiliate Link kaufen.

Hierzu müssten Sie den Produzenten bitten, Ihnen eine entsprechende Option in seinem Affiliateprogramm einzurichten.

Eine andere Idee wäre die versandkostenfreie Zusendung des Produktes.

Fremdrabatte

Präsentieren Sie Ihren Interessenten und Kunden einen Rabatt für das Produkt eines anderen Geschäfts, wenn sie über Ihren Affiliate Link bestellen.

Fragen Sie den Inhaber eines anderen Business, ob er bereit ist, Ihren Kunden einen Rabatt zu gewähren.

Sein Vorteil wäre, dass Sie ihm durch diese Kooperation neue Kunden verschaffen könnten.

Nicht mehr erhältlich

Bieten Sie Ihren Interessenten und Kunden ein Produkt als Affiliate Bonus, das nicht mehr auf dem Markt erhältlich ist.

Dieses vom Markt genommene Produkt könnte von Ihnen stammen, vom Partnerprogrammbetreiber oder von einem völlig unbeteiligten Business, mit dem Sie einen Deal machen.

Die Leute mögen Boni, die für andere nicht erhältlich sind.

Community Bonus

Besorgen Sie Ihren Interessenten und Kunden einen Affiliate Bonus, der ihnen Zugang zu einer Online Community gibt, wo sie mit Leuten chatten können, die das gleiche Interessengebiet haben.

Das könnte ein Forum sein, ein soziales Netzwerk, ein Chat Room, eine Diskussions-List etc.

Das könnten Sie bereitstellen oder der Produktinhaber.